Экслибр

Questo libro ora ti appartiene,
ma solo quando lo leggerai sarà davvero tuo,
e ti apparterrà per sempre.

Фальшивый купон

La cedola falsificata

Лев Толстой – Lev Tolstòj

Примечание редактора – Note dell'editore

Questo libro/eBook è basato sull'opera di Lev Nikolàevič Tolstòj "La cedola falsifica" (noto anche come "Denaro falso" e "La cedola falsa").

Il testo del romanzo è completo e inalterato.

La traduzione è stata fatta nel 1931 da Enrichetta Carafa Capecelatro, ma è stata aggiornata all'italiano corrente dal redattore.

Redattori e correttori di bozze di questa edizione: Wirton Arvel.

L'immagine di copertina si basa su un dipinto di Bartolomé Esteban Murillo ("The Little Fruit Seller").

L'ex libris contiene un estratto di una poesia dell'autore (da "Vagabondando fra le stelle").

***

Edizione digitale Gennaio 2016

Prima edizione cartacea Gennaio 2016

ISBN-13: 978-1523368532

ISBN-10: 1523368535

10 9 8 7 6 5 4 3 2 1

Оглавление – Indice

Предисловие – Prefazione

Il racconto è diviso in due parti: nella prima la falsificazione di un titolo di credito di piccolo valore, fatta da due studenti, innesca una catena di eventi che coinvolgono decine di altre persone, con conseguenze sempre più gravi; nella seconda parte viene offerta una possibilità di redenzione alla maggior parte dei protagonisti superstiti.

Pubblicato anche con il titolo di "Denaro falso" e "La cedola falsa", questo racconto è stato giudicato un racconto-pamphlet, una requisitoria contro il denaro, inteso come strumento di corruzione individuale e sociale. Contro il potere del denaro, Tolstòj auspica un ritorno a forme sociali premoderne che ricordano le utopie rousseaviane.

Часть Первая

Parte prima

I

I

Федор Михайлович Смоковников, председатель казенной палаты, человек неподкупной честности, и гордящийся этим, и мрачно либеральный и не только свободномыслящий, но ненавидящий всякое проявление религиозности, которую он считал остатком суеверий, вернулся из палаты в самом дурном расположении духа. Губернатор написал ему преглупую бумагу, по которой можно было предположить замечание, что Федор Михайлович поступил нечестно. Федор Михайлович очень озлобился и тут же написал бойкий и колкий ответ.

Fjòdor Michàjlovic Sonkòvinikov, direttore dell'intendenza di Finanza, uomo di incorruttibile probità e orgoglioso di essa, liberale austero e non soltanto libero pensatore, ma nemico di ogni manifestazione religiosa che riteneva un avanzo di superstizione, ritornava dal suo ufficio nella peggiore disposizione di spirito. Il governatore gli aveva scritto una stupidissima lettera la quale poteva far supporre che Fjòdor Michàjlovic si fosse comportato disonestamente. Fjòdor Michàjlovic s'era molto irritato e aveva scritto subito una risposta vivace e caustica.

Дома Федору Михайловичу казалось, все делалось ему наперекор.

A casa parve a Fjòdor Michàjlovic che tutto andasse di traverso.

Было без пяти минут пять часов. Он думал, что сейчас же подадут обедать, но обед не был еще готов.

Mancavano cinque minuti alle cinque. Egli pensava che avrebbero servito subito il pranzo, ma il pranzo non era ancora

Федор Михайлович хлопнул дверью и ушел в свою комнату. В дверь постучался кто-то. «Кой черт еще там», — подумал он и крикнул:

— Кто там еще?

В комнату вошел гимназист пятого класса, пятнадцатилетний мальчик, сын Федора Михайловича.

— Зачем ты?

— Нынче первое число.

— Что? Деньги?

Было заведено, что каждое первое число отец давал сыну жалованья на забавы три рубля. Федор Михайлович нахмурился, достал бумажник, поискал и вынул купон в 2½ рубля, потом достал штучку с серебром и отсчитал еще пятьдесят копеек. Сын молчал и не брал.

— Папа, пожалуйста, дай мне вперед.

— Что?

— Я не просил бы, да я занял на честное слово, обещал. Я, как честный человек, не могу... мне надо еще три рубля, право, не буду просить... не то что не буду просить, а просто... пожалуйста, папа.

— Тебе сказано...

— Да папа, ведь один раз...

— Ты получаешь жалованья три рубля, и все мало. Я в твои года не получал и пятидесяти копеек.

— Теперь все товарищи мои больше получают. Петров, Иваницкий пятьдесят рублей

pronto. Fjòdor Michàjlovic sbatté la porta e andò nella sua camera. Qualcuno picchiò all'uscio. "Chi diavolo sarà ancora?" pensò e disse forte:

– Chi è?

Entrò nella camera un ragazzo di quindici anni, allievo della quinta classe del ginnasio, figlio di Fjòdor Michàjlovic.

– Che sei venuto a fare?

– Oggi è il primo del mese.

– Che vuoi? Denari?

Era stabilito che ogni primo del mese il padre dava al figlio tre rubli come paghetta. Fjòdor Michàjlovic aggrottò le sopracciglia, tirò fuori il portafogli, cercò e ne cavò una cedola di due rubli e cinquanta copeche, poi tirò fuori il portamonete con i contanti, e contò ancora cinquanta copeche. Il figlio taceva senza prenderli.

– Babbo, ti prego, dammi un anticipo.

– Che?

– Non te lo chiederei, ma ho fatto un prestito sulla mia parola d'onore, ho promesso. Io, da uomo onesto, non posso... mi ci vogliono ancora tre rubli... davvero, non ti chiederò più nulla... non soltanto non ti chiederò più nulla, ma ti prego, babbo...

– Ti è stato detto...

– Sì, babbo, ma per una sola volta...

– Tu ricevi tre rubli al mese, e ti par poco. Io, all'età tua, non avevo neppure cinquanta copeche.

– Ora tutti i miei compagni hanno più di me. Petròv, Ivànitskij hanno cinquanta rubli.

получают.

— А я тебе скажу, что, если ты так поведешь себя, ты будешь мошенник. Я сказал.

— Да что же сказали. Вы никогда не войдете в мое положение, я должен буду подлецом быть. Вам хорошо.

— Пошел вон, шалопай. Вон.

Федор Михайлович вскочил и бросился к сыну.

— Вон. Сечь вас надо.

Сын испугался и озлобился, но озлобился больше, чем испугался, и, склонив голову, скорым шагом пошел к двери. Федор Михайлович не хотел бить его, но он был рад своему гневу и долго еще кричал, провожая сына, бранные слова.

Когда пришла горничная и сказала, что готово обедать, Федор Михайлович встал.

— Наконец, — сказал он. — Мне уже и есть не хочется.

И, насупившись, пошел к обеду.

За столом жена заговорила с ним, но он так буркнул сердито короткий ответ, что она замолчала. Сын тоже не подымал глаз от тарелки и молчал. Поели молча и молча встали и разошлись.

После обеда гимназист вернулся в свою комнату, вынул из кармана купон и мелочь и бросил на стол, а потом снял мундир, надел куртку. Сначала гимназист взялся за

– E io ti dirò che, se ti comporterai in questo modo, diventerai un farabutto. Te l'ho detto.

– Ma che detto! Voi non vi mettete mai nei miei panni... Dovrò diventare uno scroccone. Vi starà bene.

– Va fuori, ragazzaccio. Fuori!

Fjòdor Michàjlovic balzò su e si scagliò contro il figlio.

– Fuori! La frusta vi ci vuole.

Il figlio si spaventò e s'irritò, ma s'irritò più di quanto non si spaventasse e, a capo chino, si diresse a rapidi passi verso la porta. Fjòdor Michàjlovic non aveva intenzione di batterlo, ma era contento della sua collera, e per un pezzo ancora seguitò a urlare, accompagnando il figlio con parole ingiuriose.

Quando entrò la cameriera e disse che il pranzo era pronto, Fjòdor Michàjlovic si alzò.

– Finalmente, – disse, – ma ora non ho più voglia di mangiare.

E, facendo una smorfia, andò a desinare.

A tavola la moglie cominciò a discorrere con lui, ma egli brontolò una breve risposta così rabbiosamente, che ella tacque. Anche il figlio non alzava gli occhi dal piatto e taceva. Mangiarono in silenzio e in silenzio si alzarono da tavola e si separarono.

Dopo il pranzo, lo studente tornò nella sua cameretta, tirò fuori di tasca la cedola e la moneta spicciola e buttò tutto sulla tavola, poi si tolse l'uniforme [Era obbligatoria per tutti gli studenti] e*

истрепанную латинскую грамматику, потом запер дверь на крючок, смел рукой со стола в ящик деньги, достал из ящика гильзы, насыпал одну, заткнул ватой и стал курить.

indossò una giacchetta. Prima lo studente si mise a studiare una grammatica latina tutta lacera, poi chiuse la porta col gancetto, gettò il denaro con la mano dalla tavola nel cassetto, prese dal cassetto dei cannelli da sigarette, ne riempì uno, lo tappò con l'ovatta e si mise a fumare.

Просидел он над грамматикой и тетрадями часа два, ничего не понимая, потом встал и стал, топая пятками, ходить по комнате и вспоминать все, что было с отцом. Все ругательные слова отца, особенно его злое лицо, вспоминались ему, точно он сейчас слышал и видел его.

Passò sulla grammatica e sui quaderni due ore, senza capirne nulla, poi si alzò e cominciò a passeggiare in su e in giù per la stanza, battendo i tacchi in terra e ripensando a tutto ciò che c'era stato col padre. Tutte le parole di rimprovero del padre e specialmente il suo viso irritato gli tornavano in mente come se proprio allora lo udisse e lo vedesse.

«Шалопай. Сечь надо». И что больше он вспоминал, то больше злился на отца. Вспомнил он, как отец сказал ему: «Вижу, что из тебя выйдет — мошенник. Так и знай». — «И выйдешь мошенником, если так. Ему хорошо. Он забыл, как был молод. Ну, какое же я сделал преступление? Просто поехал в театр, не было денег, взял у Пети Грушецкого. Что же тут дурного? Другой бы пожалел, расспросил, а этот только ругаться и об себе думать. Вот когда у него чего-нибудь нет — это крик на весь дом, а я мошенник. Нет, хоть он и отец, а не люблю я его. Не знаю, все ли так, но я не люблю».

"Ragazzaccio, la frusta ci vuole". E più ci ripensava e più si adirava contro il padre. Si ricordò in che tono il padre gli aveva detto: "Diventerai un farabutto, sappilo". "E diventerò un farabutto, se è così... Gli starà bene! Si è dimenticato quando lui era giovane... Ma che delitto ho commesso? Semplicemente sono andato al teatro, non avevo denari, ne ho presi in prestito da Pètja Grusòtskij. Che c'è di male? Un altro si sarebbe preoccupato, avrebbe chiesto spiegazioni, ma lui non fa altro che gridare e pensare a sé. Quando gli manca qualche cosa, si sente urlare per tutta la casa e io poi sono un farabutto! No, benché sia mio padre, non gli voglio bene. Non so se tutti siano così, ma io non gli voglio bene".

В дверь постучалась горничная. Она принесла записку.

La cameriera picchiò alla porta. Portava un biglietto.

— Велели ответ непременно.

– Vogliono la risposta immancabilmente.

В записке было написано: «Вот уже третий раз я прошу тебя возвратить взятые тобой у меня

Nel biglietto c'era scritto: "Ecco già la terza volta che ti chiedo di restituirmi i sei rubli che t'ho prestati, ma tu te la svigni.

шесть рублей, но ты отвиливаешь. Так не поступают честные люди. Прошу немедленно прислать с сим посланным. Мне самому нужда до зарезу. Неужели же ты не можешь достать?

Le persone oneste non agiscono così. Ti prego di mandarmeli immediatamente col latore di questa. Ne ho un bisogno assoluto. Dunque non puoi procurarteli?

Твой, смотря по тому, отдашь ты или не отдашь, презирающий или уважающий тебя товарищ

A seconda del fatto che me li renderai o non me li renderai, il tuo compagno che ti disprezza o che ti stima.

Грушецкий».

Grusòtskij".

«Вот и думай. Экая свинья какая. Не может подождать. Попытаюсь еще».

"Eccoci. Che razza di porco! Non poteva aspettare. Tenterò ancora".

Митя пошел к матери. Это была последняя надежда. Мать его была добрая и не умела отказывать, и она, может быть, и помогла бы ему, но нынче она была встревожена болезнью меньшого, двухлетнего Пети. Она рассердилась на Митю за то, что он пришел и зашумел, и сразу отказала ему.

Mìtja andò dalla madre. Era l'ultima speranza. La madre era buona e non sapeva rifiutargli nulla, e forse lo avrebbe aiutato, ma quel giorno era tutta agitata per la malattia del bambino più piccolo, Pètja, che aveva due anni. S'irritò contro Mìtja perché era entrato e aveva fatto rumore, e gli disse di no.

Он что-то проворчал себе под нос и пошел из двери. Ей стало жалко сына, и она воротила его.

Egli brontolò qualcosa fra i denti e uscì dalla stanza. A lei fece pena il figlio e lo richiamò.

— Постой, Митя, — сказала она. — У меня нет теперь, но завтра я достану.

– Aspetta, Mìtja, – disse. – Oggi non ho nulla, ma domani avrò del denaro.

Но в Мите все еще кипела злоба на отца.

Ma in Mìtja ribolliva ancora la rabbia contro il padre.

— Зачем мне завтра, когда нужно нынче? Так знайте, что я пойду к товарищу.

– Perché domani, se ne ho bisogno oggi? Sappiate che andrò da qualche compagno.

Он вышел, хлопнув дверью.

E uscì, sbattendo la porta.

«Больше делать нечего, он научит, где часы заложить», — подумал он, ощупывая часы в кармане.

"Non c'è altro da fare, mi mostrerà dove s'impegna l'orologio", pensò, tastandosi l'orologio in tasca.

Митя достал из стола купон и

Mìtja prese dal cassetto la cedola e la

мелочь, надел пальто и пошел к Махину.

moneta spicciola, si mise il pastrano e andò da Màchin.

II

II

Махин был гимназист с усами. Он играл в карты, знал женщин, и у него всегда были деньги. Он жил с теткой. Митя знал, что Махин нехороший малый, но, когда он был с ним, он невольно подчинялся ему. Махин был дома и собирался в театр: в грязной комнатке его пахло душистым мылом и одеколоном.

Màchin era uno studente di ginnasio e aveva i baffi. Giocava a carte, conosceva delle donne e aveva sempre denari. Viveva con una zia. Mìtja sapeva che Màchin era un ragazzaccio, ma, quando era con lui, senza volere, soggiaceva al suo influsso. Màchin era in casa e si preparava aa andare al teatro. Nella sua sudicia cameretta c'era odore di sapone profumato e di acqua di Colonia.

— Это, брат, последнее дело, — сказал Махин, когда Митя рассказал ему свое горе, показал купон и пятьдесят копеек и сказал, что ему нужно девять рублей. — Можно и часы заложить, а можно и лучше, — сказал Махин, подмигивая одним глазом.

– Questo, fratello mio, è l'ultima cosa, – disse Màchin, quando Mìtja gli ebbe raccontato il suo dispiacere e mostrato la cedola e le cinquanta copeche, dicendogli che gli occorrevano nove rubli. – Si può impegnar l'orologio e si può fare anche di meglio, – disse Màchin strizzando un occhio.

— Как лучше?

– Come di meglio?

— А очень просто. — Махин взял купон. — Поставить единицу перед 2 р. 50, и будет 12 р. 50.

– È molto semplice. – Màchin prese la cedola. – Si mette un uno davanti al 2,50 e diventa 12,50.

— Да разве бывают такие?

– Ma ci sono di queste cedole?

— А как же, а на тысячерублевых билетах. Я один спустил такой.

– Altro che! E quelle legate ai biglietti da mille rubli? Io ne ho usata una simile.

— Да не может быть?

– Ma non può essere.

— Так что ж, валить? — сказал Махин, взяв перо и расправив

– Dunque, si fa? – disse Màchin prendendo la penna e stirando la cedola

купон пальцем левой руки.

— Да ведь это нехорошо.

— И, вздор какой.

«И точно, — подумал Митя, и ему вспомнились опять ругательства отца: — мошенник. Вот и буду мошенник». Он посмотрел в лицо Махину. Махин смотрел на него, спокойно улыбаясь.

— Что же, валить?

— Вали.

Махин старательно вывел единицу.

— Ну, вот теперь пойдем в магазин. Вот тут на углу: фотографические принадлежности. Мне кстати рамка нужна, вот на эту персону.

Он достал фотографическую карточку большеглазой девицы с огромными волосами и великолепным бюстом.

— Какова душка? А?

— Да, да. Как же...

— Очень просто. Пойдем.

Махин оделся, и они вместе вышли.

con le dita della mano sinistra.

– Ma questo non va bene.

– Che sciocchezza!

"Difatti!" pensò Mìtja e si ricordò di nuovo del padre che gridava: farabutto. "Ecco, sarò un farabutto". Guardò in viso Màchin. Màchin lo guardò, sorridendo tranquillamente.

– Dunque, si fa?

– Fallo.

Màchin tracciò attentamente un uno.

– Ecco fatto. Ora andiamo in un negozio. Ce n'è uno qui all'angolo: accessori per fotografia. Mi occorre proprio una cornicetta, sai, per quella persona...

Prese la fotografia di una ragazza dai grandi occhi, con la chioma voluminosa e il petto prosperoso.

– Che bel pezzo di ragazza, eh?

– Sì, sì. Ma come?...

– Molto semplicemente. Andiamo.

Màchin si vestì e uscirono insieme.

III

В входной двери фотографического магазина

III

Alla porta del negozio di accessori per fotografia squillò il campanello. I due

зазвонил колокольчик. Гимназисты вошли, оглядывая пустой магазин с полками, установленными принадлежностями, и с витринами на прилавках. Из задней двери вышла некрасивая с добрым лицом женщина и, став за прилавком, спросила, что нужно.

studenti entrarono guardando in giro il negozio vuoto, con le sue scansie piene di accessori per fotografia e col banco coperto da vetrine. Da una porta interna entrò una donna non bella, dal viso buono e, mettendosi dietro al banco, domandò che cosa volessero.

— Рамочку хорошенькую, мадам.

– Una graziosa cornicetta, madame.

— На какую цену? — спросила дама, быстро и ловко перебирая руками в митенках, с опухшими сочленениями пальцев, рамки разных фасонов. — Эти на пятьдесят копеек, а эти подороже. А вот это очень миленький, новый фасон, рубль двадцать.

– Di che prezzo? – domandò la signora, facendo passare abilmente e rapidamente cornici di diversi generi fra le sue mani coperte di mezzi guanti, dalle dita gonfie. – Queste, cinquanta copeche, queste altre sono un poco più care. Ecco: questa è molto bellina, di un genere nuovo: un rublo e venti.

— Ну, давайте эту. Да нельзя ли уступить? Возьмите рубль.

– Sì, datemi questa. Ma non potete fare uno sconto? Prendete un rublo.

— У нас не торгуются, — достойно сказала дама.

– Da noi non si mercanteggia, – disse la signora con dignità.

— Ну, бог с вами, — сказал Махин, кладя на витрину купон.

– Va bene, Dio sia con voi, – disse Màchin, ponendo la cedola sulla vetrina.

— Давайте рамочку и сдачу, да поскорее. Нам в театр не опоздать.

– Datemi la cornice e il resto, ma alla svelta. Non dobbiamo essere in ritardo al teatro.

— Еще успеете, — сказала дама и стала близорукими глазами рассматривать купон.

– Ci arriverete in tempo, – disse la signora e si mise ad esaminare la cedola coi suoi occhi miopi.

— Мило будет в этой рамочке. А? — сказал Махин, обращаясь к Мите.

– Sarà carina in questa cornicetta, eh? – disse Màchin rivolgendosi a Mìtja.

— Нет ли у вас других денег? — сказала продавщица.

– Non avete altro denaro? – disse la venditrice.

— То-то и горе, что нету. Мне дал отец, надо же разменять.

– No, disgraziatamente. Me l'ha dato mio padre e devo cambiarlo.

— Да неужели нет рубля двадцати?

– Ma non avete un rublo e venti?

— Есть пятьдесят копеек. Да что же, вы боитесь, что мы вас обманываем фальшивыми деньгами?

– Abbiamo cinquanta copeche. Ma che? Avete paura che vi diamo denari falsi?

— Нет, я ничего.

– No, non dico questo.

— Так давайте назад. Мы разменяем.

– Datecelo indietro, lo cambieremo.

— Так сколько вам?

– Quanto vi debbo dare?

— Да, стало быть, одиннадцать с чем-то. Продавщица пощелкала на счетах, отперла конторку, достала десять рублей бумажкой и, пошевелив рукой в мелочи, собрала еще шесть двугривенных и два пятака.

– Undici rubli e qualche cosa. – La venditrice fece il conto, aprì la cassa, prese dieci rubli di carta, poi, cercando con la mano fra la moneta spicciola, prese ancora sei doppi grìvenniki [Il grìvennik è pari a 10 copeche] e due monete da cinque copeche.*

— Потрудитесь завернуть, — сказал Махин, неторопливо взяв деньги.

– Potete incartarmela gentilmente, – disse Màchin, prendendo senza fretta il denaro.

— Сейчас.

– Subito.

Продавщица завернула и завязала бечевкой. Митя перевел дыхание, только когда колокольчик входной двери зазвенел за ними, и они вышли на улицу.

La venditrice fece il pacco e lo legò con uno spago. Mìtja respirò soltanto quando il campanello della porta d'entrata squillò dietro di loro ed essi uscirono sulla strada.

— Ну вот тебе десять рублей, а эти дай мне. Я тебе отдам.

– Eccoti dieci rubli, e questi spiccioli dalli a me. Te li renderò.

И Махин ушел в театр, а Митя пошел к Грушецкому и рассчитался с ним.

E Màchin andò al teatro, mentre Mìtja andava da Grusòtskij a pagare il suo debito.

IV

IV

Через час после ухода гимназистов хозяин магазина пришел домой и

Un'ora dopo che i due studenti erano andati via, il padrone del negozio venne e

стал считать выручку.

si mise a fare il conto di cassa.

— Ах, дура косолапая! Вот дура-то, — закричал он на свою жену, увидав купон и тотчас же заметив подделку. — И зачем брать купоны.

– Ah, stupida creatura! Ecco una stupida per davvero! – gridò alla moglie vedendo la cedola e accorgendosi subito della falsificazione. – E perché prendere delle cedole?

— Да ты сам, Женя, брал при мне, именно двенадцатирублевые, — сказала жена, сконфуженная, огорченная и готовая плакать. — Я и сама не знаю, как они меня обморочили, — говорила она, — гимназисты. Красивый молодой человек, казался такой комильфотный.

– Ma tu stesso, Zènja, ne hai prese davanti a me e proprio di dodici rubli, – disse la moglie confusa, addolorata e pronta a piangere. – Io stessa non so come abbiano potuto ingannarmi quegli studenti. Un bel giovanotto, che aveva l'aspetto così per bene!...

— Комильфотная дура, — продолжал браниться муж, считая кассу. — Я беру купон, так знаю и вижу, что на нем написано. А ты, я чай, только рожу гимназистов рассматривала на старости лет.

– Una stupida per bene sei tu!... – seguitò a brontolare il marito, facendo i conti di cassa. – Quando io prendo una cedola, guardo quel che c'è scritto su. Ma tu, son certo, guardavi soltanto il muso degli studenti, all'età tua!

Этого не выдержала жена и сама рассердилась.

La moglie non sopportò queste parole e s'adirò anche lei.

— Настоящий мужчина! Только других осуждать, а сам проиграешь в карты пятьдесят четыре рубля — это ничего.

– Un vero gentiluomo! Sai soltanto criticare gli altri e tu hai perso cinquantaquattro rubli alle carte, e questo è niente.

— Я — другое дело.

– Io... è un'altra questione.

— Не хочу с тобой говорить, — сказала жена и ушла в свою комнату и стала вспоминать, как в ее семье не хотели выдавать ее замуж, считая мужа ее гораздо ниже по положению, и как она одна настояла на этом браке; вспомнила про своего умершего ребенка, равнодушие мужа к этой потере и возненавидела мужа так, что подумала о том, как бы хорошо было, если бы он умер. Но, подумав это, она испугалась своих чувств и

– Non voglio discutere con te, – disse la moglie e se ne andò in camera sua: là si mise a rimuginare come la sua famiglia non volesse il suo matrimonio, ritenendo il marito molto inferiore di condizione, e come lei sola si fosse ostinata a far quel matrimonio; ripensò al suo bambino morto, all'indifferenza del marito per quella perdita, e cominciò a odiare il marito al punto da pensare che sarebbe stato un bene se fosse morto. Ma, dopo averlo pensato, si spaventò di quel suo sentimento, e si affrettò a vestirsi e a

поторопилась одеться и уйти. Когда ее муж вернулся в квартиру, жены уже не было. Она, не дожидаясь его, оделась и одна уехала к знакомому учителю французского языка, который звал нынче на вечер.

uscire. Quando il marito tornò a casa, la moglie non c'era più. Senza aspettarlo, s'era vestita e se n'era andata sola da un professore di francese di loro conoscenza che li aveva invitati per quella sera.

V

V

У учителя французского языка, русского поляка, был парадный чай с сладкими печениями, а потом сели за несколько столов в винт.

In casa del professore di francese, un polacco russo, c'era un tè servito elegantemente, con biscotti e dolci, e poi si misero a giocare al vint [Gioco di carte, specie di whist] su diversi tavolini.*

Жена продавца фотографических принадлежностей села с хозяином, офицером и старой, глухой дамой в парике, вдовой содержателя музыкального магазина, большой охотницей и мастерицей играть. Карты шли к жене продавца фотографических принадлежностей. Она два раза назначила шлем. Подле нее стояла тарелочка с виноградом и грушей, и на душе у нее было весело.

La moglie del negoziante di accessori per fotografia era al tavolo del padrone di casa insieme con un ufficiale e una vecchia signora sorda, con la parrucca, vedova del proprietario di un negozio di musica, appassionata del gioco e ottima giocatrice. Le carte erano favorevoli alla moglie del negoziante di accessori per fotografia. Due volte aveva dichiarato grand schelem. Accanto a lei c'era un piattino con uva e pere, ed era di ottimo umore.

— Что же Евгений Михайлович не идет? — спросила хозяйка с другого стола. — Мы его пятым записали.

– Perché Jevghènij Michàjlovic non viene? – domandò dall'altro tavolo la padrona di casa, – lo iscriveremo per quinto.

— Верно, увлекся счетами, — сказала жена Евгенья Михайловича, — нынче расчеты за провизию, за дрова.

– Di certo sarà preso dai suoi conti, – disse la moglie di Jevghènij Michàjlovic, – oggi ci sono i conti delle provviste, della legna.

И, вспомнив про сцену с мужем, она нахмурилась, и ее руки в митенках задрожали от злобы на него.

E, ricordandosi la scena avuta coi marito, aggrottò le sopracciglia, e le sue mani coperte dai mezzi guanti tremavano dall'ira che aveva contro di lui.

— Да вот легок на помине, — сказал хозяин, обращаясь к входившему Евгенью Михайловичу. — Что запоздали?

– Quando si parla del diavolo... – disse il padrone di casa, rivolgendosi a Jevghènij Michàjlovic che entrava. – Perché avete fatto tardi?

— Да разные дела, — отвечал Евгений Михайлович веселым голосом, потирая руки. И, к удивлению жены, он подошел к ней и сказал:

– Diversi affari... – rispose Jevghènij Michàjlovic con voce allegra, fregandosi le mani. E, con meraviglia della moglie, si avvicinò a lei e le disse:

— А знаешь, я купон-то спустил.

– Ah! sai? la cedola l'ho data via.

— Неужели?

– Davvero?

— Да, мужику за дрова.

– Sì, al contadino per la legna.

И Евгений Михайлович рассказал всем с большим негодованием, — в рассказ его включала подробности его жена, — как надули его жену бессовестные гимназисты.

E Jevghènij Michàjlovic raccontò a tutti con grande indignazione, – e la moglie aggiungeva particolari al suo racconto, – come sua moglie fosse stata ingannata da due studenti senza scrupoli.

— Ну-с, теперь за дело, — сказал он, усаживаясь за стол, когда пришел его черед, и тасуя карты.

– E ora, a noi, – disse, sedendosi a un tavolino quando venne il suo turno, e mischiando le carte.

VI

VI

Действительно, Евгений Михайлович спустил купон за дрова крестьянину Ивану Миронову.

Infatti, Jevghènij Michàjlovic aveva dato la cedola in pagamento della legna al contadino Ivàn Mirònov.

Иван Миронов торговал тем,

Ivàn Mirònov faceva commercio di

что покупал на дровяных складах одну сажень дров, развозил ее по городу и выкладывал так, что из сажени выходило пять четверок, которые он продавал за ту же цену, какую стоила четверть на дровяном дворе. В этот несчастный для Ивана Миронова день он рано утром вывез осьмушку и, скоро продав, наложил другую еще осьмушку и надеялся продать, но провозил до вечера, добиваясь покупателя, но никто не купил. Он все попадал на опытных городских жителей, которые знали обычные проделки мужиков, продающих дрова, и не верили тому, что он привез, как он уверял, дрова из деревни. Сам он проголодался, иззяб в своем вытертом полушубке и рваном армяке; мороз к вечеру дошел до двадцати градусов; лошаденка, которую он не жалел, потому что собирался продать ее драчам, совсем стала. Так что Иван Миронов готов был даже с убытком отдать дрова, когда ему встретился ходивший за табаком в магазин и возвращавшийся домой Евгений Михайлович.

legna a questo modo: ne comprava una sàzegn [la sàzegn è misura di lunghezza pari a m. 2,134. Qui s'intende una sàzegn cubica] ai depositi, la portava a vendere per la città, facendone cinque parti, e ogni parte la vendeva per il prezzo che a lui costava un quarto di sàzegn preso al deposito. In quel giorno disgraziato per Ivàn Mirònov, la mattina di buon'ora egli aveva trasportato in città un ottavo di sàzegn e, vendutolo prestissimo, era andato a caricare un altro ottavo che sperava pure di vendere, ma andò in giro cercando un compratore e nessuno lo comprò. Si imbatté sempre a trattare con gente esperta, la quale conosceva le solite gherminelle dei contadini che vendono legna da ardere e non credevano ch'egli avesse portato la legna dalla campagna, come affermava. Gli era venuta fame e aveva preso freddo nella sua mezza pelliccia logora e nel suo gabbano lacero: il freddo verso sera era arrivato a venti gradi sotto zero; il cavalluccio, del quale egli non aveva pietà perché aveva deciso di venderlo allo scorticatore, si era proprio bloccato. Sicché Ivàn Mirònov era pronto a vendere la sua legna in perdita, quando incontrò Jevghènij Michàjlovic che era andato a comperar del tabacco in una bottega e tornava a casa.*

— Возьмите, барин, задешево отдам. Лошаденка стала совсем.

– Prendetela, signore, la do per poco. Il mio cavalluccio non ne può più.

— Да ты откуда?

– Da dove vieni?

— Мы из деревни. Свои дрова, хорошие, сухие.

– Siamo di campagna. È legna nostra, buona, asciutta.

— Знаем мы вас. Ну, что возьмешь?

– La conosco... Dunque, quanto vuoi?

Иван Миронов запросил, стал сбавлять и, наконец, отдал за свою цену.

Ivàn Mirònov fece una prima richiesta, poi cominciò ad abbassare il prezzo e alla fine lasciò la legna al prezzo

— Только для вас, барин, что близко везти, — сказал он.

Евгений Михайлович не очень торговался, радуясь мысли, что он спустит купон. Кое-как, сам подтягивая за оглобли, Иван Миронов ввез дрова во двор и сам разгрузил их в сарай. Дворника не было. Иван Миронов сначала замялся брать купон, но Евгений Михайлович так убедил его и казался таким важным барином, что он согласился взять.

Войдя с заднего крыльца в девичью, Иван Миронов перекрестился, оттаял сосульки с бороды и, заворотив полу кафтана, достал кожаный кошелек и из него восемь рублей пятьдесят копеек и отдал сдачу, а купон, завернув в бумажку, положил в кошелек.

Поблагодарив, как водится, барина, Иван Миронов, разгоняя уж не кнутом, но кнутовищем насилу передвигавшую ноги, обындевевшую, обреченную на смерть клячонку, порожнем погнал к трактиру.

В трактире Иван Миронов спросил себе на восемь копеек вина и чая и, отогревшись и даже распотевши в самом веселом расположении духа беседовал с сидевшим у его же стола дворником. Он разговорился с ним, рассказал ему все свои обстоятельства. Рассказал, что он из деревни Васильевского, в двенадцати верстах от города, что он отделенный от отца и братьев и

di costo.

– Soltanto per voi, signore, e perché si deve portare vicino, – disse.

Jevghènij Michàjlovic non aveva molto mercanteggiato, pensando che avrebbe potuto dar via la cedola. Tirando lui stesso le stanghe del carretto, Ivàn Mirònov a stento portò la legna nel cortile e da sé la scaricò nella legnaia. Il portinaio non c'era. Ivàn Mirònov da principio esitò a prendere la cedola, ma Jevghènij Michàjlovic seppe ben persuaderlo, e aveva l'aspetto di un signore così altolocato, che il contadino acconsentì a prenderla.

Entrando per la porta di dietro nella stanza delle donne di servizio, Ivàn Mirònov si fece il segno della croce, si tolse i ghiaccioli dalla barba e, alzati i lembi del suo caffettano, tirò fuori una borsa di pelle e dalla borsa otto rubli e cinquanta copeche, diede il resto e, ravvolta la cedola in una carta, la mise nella borsa.

Dopo aver ringraziato, come si conviene, il signore, Ivàn Mirònov, spingendo senza più usare la frusta, ma col manico, il povero ronzino coperto di brina e votato alla morte, che muoveva a stento le zampe, si recò col carretto vuoto a un'osteria.

Nell'osteria Ivàn Mirònov chiese per otto copeche di vodka e di tè e, dopo essersi riscaldato e messosi anche a sudare, nella più allegra disposizione di spirito cominciò a discorrere con un portinaio seduto alla sua stessa tavola. E discorrendo gli raccontò tutti i fatti suoi. Gli raccontò che era del villaggio Vasìljevskoje, a dodici verste dalla città, che si era separato dal padre e dai fratelli e ora viveva con la moglie e due ragazzi, dei quali il maggiore andava a scuola e non gli era di nessun

живет теперь с женой и двумя ребятами, из которых старший только ходил в училище, а еще не помогал ничего. Рассказал, что он здесь стоит на фатере и завтра пойдет на конную продаст своего одра и присмотрит, а если и придется — купит лошадку. Рассказал, что у него набралось теперь без рубля четвертная и что у него половина денег в купоне. Он достал купон и показал дворнику. Дворник был безграмотный, но сказал, что он менивал для жильцов такие деньги, что деньги хорошие, но бывают поддельные, и потому советовал для верности отдать здесь у стойки. Иван Миронов отдал половому и велел принести сдачи, но половой не принес сдачу, а пришел лысый, с глянцевитым лицом приказчик с купоном в пухлой руке.

aiuto. Disse che occupava là dentro una camera e che il giorno dopo sarebbe andato al mercato per vendere il suo ronzino e guardare se gli riusciva di comprare un altro cavallo. Raccontò che gli mancava soltanto un rublo per farne venticinque e che la metà del suo denaro consisteva in una cedola. Tirò fuori la cedola e la mostrò al portinaio. Il portinaio era analfabeta, ma disse che a volte cambiava di quelle cedole per gl'inquilini, che eran denaro buono, ma che ce n'era anche delle false, e perciò consigliava, per maggior sicurezza, di cambiare la cedola lì, al banco. Ivàn Mirònov la diede al cameriere e gli disse di portargli il resto, ma il cameriere non portò il resto e venne invece il principale, calvo, col viso lucido, e teneva nelle sue grasse mani la cedola.

— Деньги ваши не годятся, — сказал он, показывая купон, но не отдавая его.

– I vostri denari non sono buoni, – disse, mostrando la cedola, ma senza renderla.

— Деньги хорошие, мне барин дал.

– Son buoni, me li ha dati un signore.

— То-то что не хорошие, а поддельные.

– Non son buoni, sono falsi.

— А поддельные, так давай их сюда.

– Se son falsi, ridatemeli.

— Нет, брат, вашего брата учить надо. Ты с мошенниками подделал.

– No, caro, a quelli come te bisogna dare una lezione. Tu, con dei farabutti... hai falsificato la cedola.

— Давай деньги, какую ты имеешь полную праву?

– Dammi il mio denaro. Che diritto hai tu?

— Сидор! кликни-ка полицейского, — обратился буфетчик к половому.

– Sìdor, chiama un agente, – si rivolse il principale al cameriere.

Иван Миронов был выпивши. А выпивши он был неспокоен. Он схватил приказчика за ворот и закричал:

Ivàn Mirànov aveva bevuto. E quando aveva bevuto era turbolento. Prese il principale per il colletto e gridò:

— Давай назад, я пойду к барину. Я знаю, где он. Приказчик рванулся от Ивана Миронова, и рубаха его затрещала.

– Dammelo indietro, io andrò dal signore che me l'ha dato. So dove sta. – Il principale si liberò da Ivàn Mirònov, e la sua camicia si lacerò.

— А, ты так. Держи его.

– Ah! Fai così? Tienlo!

Половой схватил Ивана Миронова, и тут же явился городовой. Выслушав, как начальник, в чем дело, он тотчас же решил его:

Il cameriere afferrò Ivàn Mirònov, e in quel momento entrò una guardia. Dopo aver ascoltato, con aria d'autorità, in che consisteva l'affare, subito decise.

— В участок.

– Al posto di guardia.

Купон городовой положил себе в портмоне и вместе с лошадью отвел Ивана Миронова в участок.

Mise la cedola nel suo portamonete e condusse Ivàn Mirònov al posto di guardia insieme col carretto.

VII

VII

Иван Миронов переночевал в участке с пьяными и ворами. Уже около полудня его потребовали к околоточному. Околоточный допросил его и послал с городовым к продавцу фотографических принадлежностей. Иван Миронов запомнил улицу и дом.

Ivàn Mirònov pernottò al posto di guardia in compagnia di ubriachi e ladri. Era già quasi mezzogiorno quando fu chiamato davanti al brigadiere. Il brigadiere l'interrogò e lo mandò insieme con una guardia dal venditore di accessori per fotografia. Ivàn Mirònov si ricordava la strada e la casa.

Когда городовой вызвал барина и представил ему купон и Ивана Миронова, утверждавшего, что этот самый барин дал ему купон, Евгений Михайлович сделал

Quando la guardia ebbe fatto chiamare il padrone, gli mostrò la cedola e Ivàn Mirònov, che affermava essere quello il signore che gli aveva dato la cedola, Jevghènij Michàjlovic fece prima un viso

удивленное и потом строгое лицо.

— Что ты, видно, с ума спятил. В первый раз его вижу.

— Барин, грех, умирать будем, — говорил Иван Миронов.

— Что с ним сделалось? Да ты, верно, заспал. Ты кому-нибудь другому продал, — говорил Евгений Михайлович. — Впрочем, постойте, я пойду у жены спрошу, брала ли она вчера дрова.

Евгений Михайлович вышел и тотчас же позвал дворника, красивого, необыкновенно сильного и ловкого щеголя, веселого малого Василья, и сказал ему, что если у него будут спрашивать, где взяты последние дрова, чтобы он говорил, что в складе, а что у мужиков дров не покупали.

— А то тут мужик показывает, что я ему фальшивый купон дал. Мужик бестолковый, бог знает что говорит, а ты человек с понятием. Так и говори, что дрова мы покупаем только в складе. А это я тебе давно хотел дать на куртку, — прибавил Евгений Михайлович и дал дворнику пять рублей.

Василий взял деньги, блеснул глазами на бумажку, потом на лицо Евгения Михайловича, тряхнул волосами и слегка улыбнулся.

— Известно, народ бестолковый. Необразованность. Не извольте беспокоиться. Я уж знаю, как сказать.

Сколько и как слезно ни умолял

meravigliato e poi severo.

– Si vede che tu hai perduto il cervello. È la prima volta che vedo costui.

– Signore, commette un peccato, pensi a quando morirà, – disse Ivàn Mirònov.

– Che gli prende? Ma, di certo, tu hai sognato. Avrai venduto la legna a qualcun altro, – disse Jevghènij Michàjlovic. – Del resto, aspettate, vado a domandare a mia moglie se ha comprato della legna ieri.

Jevghènij Michàjlovic uscì e chiamò subito il portinaio, un bel giovane, allegro ed elegante, di forza e di accortezza non comuni, di nome Vasìlij, e gli disse che, se l'interrogavano su dove fosse stata comprata la legna, dicesse che era stata comprata a un deposito e che mai si comprava dai contadini.

– C'è qui un contadino che pretende che io gli abbia dato una cedola falsa. È uno scimunito. Dio sa che cosa dice, ma tu sei un uomo di cervello. Dunque, di' che la legna noi la compriamo soltanto al deposito. E questo da un pezzo te lo volevo dare perché ti comprassi una giacchetta, – aggiunse Jevghènij Michàjlovic, e diede al portinaio cinque rubli.

Vasìlij prese il denaro, sbirciò il biglietto, poi il viso di Jevghènij Michàjlovic, scosse i capelli e sorrise lievemente.

– Si sa, è gente stupida. L'ignoranza! Non vi date pensiero. Lo so io che cosa debbo dire.

Per quanto Ivàn Mirònov scongiurasse

Иван Миронов Евгения Михайловича признать свой купон и дворника подтвердить его слова, и Евгений Михайлович и дворник стояли на своем: никогда не брали дров с возов. И городовой свел назад в участок Ивана Миронова, обвиняемого в подделке купона.

piangendo Jevghènij Michàjlovic di riconoscere la sua cedola e il portinaio di confermare le sue parole, Jevghènij Michàjlovic e il portinaio tennero duro: mai compravano legna dai carretti, e la guardia ricondusse al commissariato Ivàn Mirònov, incolpato di aver falsificato la cedola.

Только по совету сидевшего с ним пьяного писаря, отдав пятерку околоточному, Иван Миронов выбрался из-под караула без купона и с семью рублями вместо двадцати пяти, которые у него были вчера. Иван Миронов пропил из этих семи рублей три и с разбитым лицом и мертвецки пьяный приехал к жене.

Soltanto dopo aver dato cinque rubli al brigadiere, seguendo il consiglio di uno scrivano che, arrestato per ubriachezza, s'era trovato insieme con lui, Ivàn Mirònov poté uscire dal posto di guardia senza la cedola e con sette rubli invece dei venticinque che aveva il giorno innanzi. Ivàn Mirònov spese tre di questi sette rubli per bere, e con un viso disfatto, ubriaco fradicio, giunse da sua moglie.

Жена была беременная на сносях и больная. Она начала ругать мужа, он оттолкнул ее, она стала бить его. Он, не отвечая, лег брюхом на нары и громко заплакал.

La moglie era incinta, agli ultimi mesi, e malata. Cominciò a ingiuriare il marito, lui le diede una spinta, lei si mise a batterlo. Senza risponderle, lui si buttò bocconi sul tavolato e cominciò a pianger forte.

Только на другое утро жена поняла, в чем было дело, и, поверив мужу, долго кляла разбойника барина, обманувшего ее Ивана. И Иван, протрезвившись, вспомнил, что ему советовал мастеровой, с которым он пил вчера, и решил идти к аблакату жаловаться.

Soltanto la mattina seguente la moglie capì di che si trattava e, avendo creduto al marito, per un pezzo imprecò contro il signore ladro che aveva ingannato il suo Ivàn. E Ivàn, avendo smaltito la sbornia, si ricordò ciò che un operaio col quale aveva bevuto il giorno innanzi gli aveva consigliato, e decise di andare da un avvocato per far querela.

VIII

Адвокат взялся за дело не столько из-за денег, которые он мог получить, сколько из-за того, что поверил Ивану и был возмущен тем, как бессовестно обманули мужика.

На суд явились обе стороны, и дворник Василий был свидетелем. На суде повторилось то же. Иван Миронов поминал про бога, про то, что умирать будем. Евгений Михайлович, хотя и мучился сознанием гадости и опасности того, что он делал, не мог уже теперь изменить показания и продолжал с внешне спокойным видом все отрицать.

Дворник Василий получил еще десять рублей и с улыбкой спокойно утверждал, что видом не видал Ивана Миронова. И когда его привели к присяге, хотя и робел внутренне, наружно спокойно повторил за вызванным старичком священником слова присяги, на кресте и святом Евангелии клянясь в том, что будет говорить всю правду.

Дело кончилось тем, что судья отказал Ивану Миронову в иске, положил взыскать с него пять рублей судебных издержек, которые Евгений Михайлович великодушно

VIII

L'avvocato prese in mano l'affare non tanto per il denaro che ne poteva ricavare, quanto perché credette a Ivàn e fu disgustato nel vedere come il contadino fosse stato ingannato senza coscienza.

Al processo comparvero tutt'e due le parti, e Vasìlij, il portinaio, venne come testimone. In giudizio si ripeté la medesima cosa. Ivàn Mirònov invocava Dio, diceva che tutti dobbiamo morire. Jevghènij Michàjlovic, benché fosse tormentato dalla consapevolezza dell'indegnità e del pericolo di ciò che aveva fatto, non poteva più mutare la sua deposizione e seguitò con aspetto apparentemente calmo a negar tutto.

Il portinaio Vasìlij aveva ricevuto ancora dieci rubli e con un tranquillo sorriso assicurava di non aver mai visto Ivàn Mirònov. E quando gli fecero prestar giuramento, apparentemente tranquillo, benché nel suo intimo s'intimidisse, ripeté dietro il vecchio prete le parole della formula, giurando sulla croce e sul santo Vangelo che avrebbe detto tutta la verità.

L'affare finì così: che il giudice non accolse la querela d'Ivàn Mirònov e lo condannò a pagare cinque rubli di spese giudiziarie, che Jevghènij Michàjlovic generosamente gli condonò. Nel congedare

простил ему. Отпуская Ивана Миронова, судья прочел ему наставление о том, чтобы он вперед был осторожнее в взведении обвинений на почтенных людей и был бы благодарен за то, что ему простили судебные издержки и не преследуют его за клевету, за которую он отсидел бы месяца три в тюрьме.

Ivàn Mirònov, il giudice gli fece un predicozzo, dicendogli che d'ora innanzi fosse più cauto nell'incolpare persone rispettabili e che doveva esser grato per il condono delle spese della causa e per non essere stato querelato per calunnia, il che gli avrebbe valso tre mesi di prigione.

— Благодарим покорно, — сказал Иван Миронов и, покачивая головой и вздыхая, вышел из камеры.

– Ringraziamo umilmente, – disse Ivàn Mirònov e, scuotendo il capo e sospirando, uscì dalla sala d'udienza.

Все это, казалось, кончилось хорошо для Евгения Михайловича и дворника Василья. Но это только казалось так. Случилось то, чего никто не видел, но что было важнее всего того, что люди видели.

Tutto ciò parve finir bene per Jevghènij Michàjlovic e il portinaio Vasìlij. Ma fu così soltanto in apparenza. Accadde una cosa che nessuno vide, ma che era più grave di tutto ciò che la gente vedeva.

Василий уже третий год ушел из деревни и жил в городе. С каждым годом он подавал отцу все меньше и меньше и не выписал к себе жену, не нуждаясь в ней. У него здесь, в городе, жен, и не таких, как его нехалява, было сколько хочешь. С каждым годом Василий все больше и больше забывал деревенский закон и освоивался с городскими порядками. Там все было грубо, серо, бедно, неурядливо, здесь все было тонко, хорошо, чисто, богато, все в порядке. И он все больше и больше уверялся, что деревенские живут без понятия, как звери лесные, здесь же — настоящие люди. Читал он книжки хороших сочинителей, романы, ходил на представления в народный дом. В деревне и во сне того не видишь. В деревне старики говорят: живи в

Era già il terzo anno che Vasìlij aveva lasciato il villaggio e viveva in città. Ogni anno egli dava sempre meno al padre e non faceva venire la moglie, non avendo bisogno di lei. Qui in città aveva quante donne voleva e non erano rozze come la sua. Di anno in anno Vasìlij dimenticava sempre più i costumi del villaggio e si assuefaceva agli usi della città. Là tutto era grossolano, grigio, povero, sudicio, qui tutto era fine, bello, pulito, ricco, tutto in ordine. Ed egli sempre più si convinceva dell'idea che la gente di campagna vive senza discernimento, come le fiere dei boschi, e soltanto qui esistono veri uomini. Leggeva libri di buoni autori, dei romanzi, e andava agli spettacoli nella Casa del popolo. Al villaggio queste cose non si vedevano neppure in sogno. Al villaggio i vecchi dicevano: vivi con tua moglie secondo la legge, lavora, non mangiar di soverchio, non esser vanitoso; ma qui la gente

законе с женой, трудись, лишнее не ешь, не щеголяй, а здесь люди умные, ученые — значит, знают настоящие законы, — живут в свое удовольствие. И все хорошо. До дела с купоном Василий все не верил, что у господ нет никакого закона насчет того, как жить. Ему все казалось, что он не знает их закона, а закон есть. Но последнее дело с купоном и, главное, его фальшивая присяга, от которой, несмотря на его страх, ничего худого не вышло, а, напротив, вышло еще десять рублей, он совсем уверился, что нет никаких законов и надо жить в свое удовольствие. Так он и жил, так и продолжал жить. Сначала он пользовался только на покупках жильцов, но этого было мало для всех его расходов, и он, где мог, стал таскать деньги и ценные вещи из квартир жильцов и украл кошелек Евгения Михайловича. Евгений Михайлович уличил его, но не стал подавать в суд, а расчел его.

intelligente e istruita conosceva le vere leggi, viveva secondo il suo piacere. E tutto andava bene. Fino all'affare della cedola, Vàsìlij non aveva mai creduto che i signori non avessero nessuna legge riguardo al come si debba vivere. Gli pareva sempre che lui non conoscesse la loro legge, ma che una legge ci fosse. Ma dopo l'affare della cedola e, soprattutto, dopo il suo falso giuramento, dal quale, malgrado la sua paura, nessun male gli era venuto, ma anzi gli eran venuti ancora dieci rubli, si convinse addirittura che non esistevano leggi e che si doveva vivere secondo il proprio piacere. Così viveva, così seguitò a vivere. All'inizio iniziò a speculare sulle compere che faceva per gl'inquilini, ma ciò non copriva tutte le sue spese e, dove poteva, si mise a rubar denaro e cose di valore negli appartamenti degl'inquilini, e rubò perfino una borsa di Jevghènij Michàjlovic. Jevghènij Michàjlovic glielo fece confessare, ma non gli fece querela e lo licenziò soltanto.

Домой Василию идти не хотелось, и он остался жить в Москве с своей любезной, отыскивая место. Место нашлось дешевое к лавочнику в дворники. Василий поступил, но на другой же месяц попался в краже мешков. Хозяин не стал жаловаться, а побил Василья и прогнал. После этого случая места уже не находилось, деньги проживались, потом стала проживаться одежа, и кончилось тем, что остался один рваный пиджак, штаны и опорки. Любезная бросила его. Но Василий

Vasìlij non voleva tornare a casa, e rimase a vivere a Mosca con la sua amante, cercando un posto. Ne trovò uno mediocre, come portinaio da un bottegaio. Vasìlij l'accettò. Ma già il mese dopo commise un furto di sacchi. Il padrone non lo querelò, ma bastonò Vasìlij e lo cacciò via. Dopo questo fatto non trovò più posto, i denari furon spesi, poi egli cominciò a vendere i vestiti, e arrivò al punto che gli rimase solo più una giacchetta tutta sbrindellata, un paio di calzoni e delle vecchie scarpe. L'amante lo abbandonò. Ma Vasìlij non perdette il suo umore ardito e gaio e, venuta la primavera, se ne

не утратил свое бодрое, веселое расположение и, дождавшись весны, пошел пеший домой.

andò a piedi a casa sua.

IX

IX

Петр Николаевич Свентицкий, маленький, коренастенький человечек в черных очках (у него болели глаза, ему угрожала полная слепота), встал, по обыкновению, до света и, выпив стакан чаю, надел крытый, отороченный мерлушкой полушубочек и пошел по хозяйству.

Pjotr Nikolàjevic Sventìtskij, un ometto tarchiato, con gli occhiali neri (aveva gli occhi malati ed era minacciato dalla cecità completa), si alzò secondo il solito prima dell'alba e, bevuto un bicchiere di tè, indossò la sua mezza pelliccia guarnita di pelle d'agnello e se ne andò per i fatti suoi.

Петр Николаевич был таможенным чиновником и нажил там восемнадцать тысяч рублей. Лет двенадцать тому назад он вышел в отставку не совсем по своей воле и купил именьице промотавшегося юноши-помещика. Петр Николаич был на службе еще женат. Жена его была бедная сирота старого дворянского рода, крупная, полная, красивая женщина, не давшая ему детей. Петр Николаич во всех делах был человек основательный и настойчивый. Ничего не зная о хозяйстве (он был сын польского шляхтича), он так хорошо занялся хозяйством, что разоренное имение в триста десятин через десять лет стало образцовым. Все постройки у него, от дома до амбара и навеса над пожарной трубой, были прочные, основательные, крытые

Pjotr Nikolàjevic era stato impiegato delle dogane e aveva messo da parte diciottomila rubli. Una dozzina di anni addietro era andato in congedo, non del tutto di sua volontà, e aveva comprato una piccola tenuta da un giovane proprietario che aveva dissipato il suo patrimonio. Pjotr Nikolàjevic, quando era ancora in servizio, s'era ammogliato. Sua moglie era una povera orfana, di una vecchia famiglia nobile, una donna forte, formosa, bella, che non gli aveva dato figli. Piotr Nikolàjevic, in tutte le cose, era uomo posato e perseverante. Pur non avendo nessuna conoscenza di agricoltura (era figlio di un gentiluomo polacco), amministrò così bene la sua proprietà che, in dieci anni, una tenuta in rovina di trecento desiatine diventò una tenuta modello. Tutte le costruzioni, dalla casa fino ai locali di deposito e alla tettoia dov'era la pompa da incendio, erano solide, ben fatte, coperte di

железом и вовремя крашенные. В инструментном сарае стояли порядком телеги, сохи, плуги, бороны. Сбруя была вымазана. Лошади были не крупные, почти всё своего завода — саврасой масти, сытенькие, крепенькие, одна в одну. Молотилка работала в крытой риге, корм убирался в особенном сарае, навозная жижа стекала в мощеную яму. Коровы были тоже своего завода, не крупные, но молочные. Свиньи были аглицкие. Был птичник и особенно ноской породы куры. Сад фруктовый был обмазан и подсажен. Везде все было хозяйственно, прочно, чисто, исправно. Петр Николаич радовался на свое хозяйство и гордился тем, что всего этого он достигал не притеснением крестьян, а, напротив, строгой справедливостью к ним. Он даже среди дворян держался среднего, скорее либерального, чем консервативного, взгляда и всегда перед крепостниками защищал народ. Будь с ними хорош, и они будут хороши. Правда, он не спускал промахов и ошибок рабочих, иногда и сам поталкивал их, требовал работы, но зато помещения, харчи были самые хорошие, жалованье всегда было выдано вовремя, и в праздники он подносил водку.

ferro e sempre dipinte a tempo debito. Nelle rimesse stavano in ordine i carretti, gli aratri, gli erpici, e i finimenti erano unti di grasso. I cavalli di taglia piccola, quasi tutti del suo allevamento e roani, erano ben nutriti, forti, e tutti uguali. La trebbiatrice lavorava in un granaio coperto, c'era un deposito speciale per il fieno, gli scoli del letame se ne andavano in una fossa lastricata. Anche le vacche erano dei suo allevamento, non grandi, ma molto lattifere. I maiali erano inglesi. C'era anche un'uccelliera e delle galline di una specie particolarmente produttiva. Nel frutteto le piante erano ben irrorate e innestate. Dappertutto ogni cosa era ben tenuta, pulita, in ordine. Pjotr Nikolàjevic era contento della sua proprietà e orgoglioso di aver ottenuto tutto ciò senza opprimere i contadini, ma anzi con una severa giustizia verso la popolazione. Anche fra i nobili era tenuto per moderato, piuttosto liberale che conservatore, e difendeva sempre i diritti del popolo contro i partigiani del servaggio. Diceva: sii buono con loro e saranno buoni con te. In verità, non lasciava passare le mancanze e gli errori degli operai, e a volte li spronava lui stesso, esigeva che si lavorasse, ma le abitazioni e il cibo erano ottimi, le paghe erano sempre corrisposte in tempo, e nei giorni di festa egli distribuiva la vodka.

Ступая осторожно по талому снегу, — это было в феврале, — Петр Николаич направился мимо рабочей конюшни к избе, где жили рабочие. Было еще темно; еще темнее от тумана, но в окнах рабочей избы был виден свет.

Camminando con precauzione sulla neve che si fondeva, – s'era in febbraio, – Pjotr Nikolàjevic si diresse, passando davanti alla scuderia dei cavalli da lavoro, verso l'izba dove alloggiavano gli operai. Era ancora scuro. Anche più scuro per via della nebbia, ma alle finestre, nell'izba

Рабочие вставали. Он намеревался поторопить их: по наряду им надо было на шестерне ехать за последними дровами в рощу.

«Это что?» — подумал он, увидав отворенную дверь в конюшню.

— Эй, кто тут?

Никто не отозвался. Петр Николаич вошел в конюшню.

— Эй, кто тут?

Никто не отзывался. Было темно, под ногами мягко, и пахло навозом. Направо от двери в стойле стояла пара молодых саврасых. Петр Николаич протянул руку — пусто. Он тронул ногой. Не легла ли? Нога ничего не встретила. «Куда же они ее вывели?» — подумал он. Запрягать — не запрягали, сани еще все наружи. Петр Николаич вышел из двери и крикнул громко:

— Эй, Степан.

Степан был старший рабочий. Он как раз выходил из рабочей.

— Яу! — откликнулся весело Степан.— Это вы, Петр Николаич? Сейчас ребята идут.

— Что у вас конюшня отперта?

— Конюшня? Не могу знать. Эй, Прошка, давай фонарь.

Прошка прибежал с фонарем. Вошли в конюшню. Степан сразу понял.

— Это воры были, Петр Николаич. Замок сбит.

degli operai, si vedeva la luce. Gli operai si alzavano. Egli aveva l'intenzione di farli affrettare: dovevano andare con sei cavalli a prendere l'ultima legna nel bosco.

"Che cos'è successo?" pensò, vedendo aperta la porta della scuderia.

– Ehi, chi c'è?

Nessuno rispose. Pjotr Nikolàjevic entrò nella scuderia.

– Ehi, chi c'è?

Nessuno rispondeva. Era buio, sotto i piedi il terreno era molle e si sentiva odore di letame. A destra della porta, in uno scomparto, c'era una pariglia di giovani roani. Pjotr Nikolàjevic stese la mano: vuoto. Allungò un piede. Che i cavalli si fossero coricati? Il suo piede non incontrò nulla. "Dove li hanno condotti?" pensò. Attaccati, non li avevano attaccati, le slitte erano ancora tutte fuori. Pjotr Nikolàjevic uscì e gridò forte:

– Ehi, Stjepàn!

Stjepàn era il capo operaio. Giust'appunto stava uscendo dall'alloggio degli operai.

– Pronto! – rispose allegramente Stjepàn. – Siete voi, Pjotr Nikolàjevic? Ora vengono subito i ragazzi.

– Perché la scuderia è aperta?

– La scuderia? Non riesco a capire. Ehi! Pròska! dammi una lanterna.

Pròska accorse con una lanterna ed entrarono nella scuderia. Stjepàn a un tratto capì.

– Ci sono stati i ladri, Pjotr Nikolàjevic. La serratura è rotta.

— Врешь?

— Свели, разбойники. Машки нет, Ястреба нет. Ястреб здесь. Пестрого нет. Красавчика нет.

Трех лошадей не было. Петр Николаич ничего не сказал.

Нахмурился и тяжело дышал.

— Ох, попался бы мне. Кто караулил?

— Петька. Петька проспал.

Петр Николаич подал в полицию, к становому, земскому начальнику, разослал своих. Лошадей не нашли.

— Поганый народ! — говорил Петр Николаич. — Что сделали. Я ли им добро не делал. Погоди же ты. Разбойники, все разбойники. Теперь я не так с вами поведу дело.

– Conti delle storie.

– Li hanno portati via i ladri. Màska non c'è più. Lo Sparviero non c'è più. No, lo Sparviero c'è. Il Pezzato non c'è. Il Bello non c'è.

Tre cavalli mancavano. Pjotr Nikolàjevic non disse nulla.

Aggrottò le sopracciglia e respirò con fatica.

– Ah, se mi capita sotto! Chi era di guardia?

– Pètka. Pètka si sarà addormentato.

Pjotr Nikolàjevic denunciò la cosa alla polizia, al commissario rurale, al capo del zèmstvo, mandò i suoi uomini dappertutto. I cavalli non furono trovati.

– Che gentaglia! – diceva Pjotr Nikolàjevic. – Che m'hanno mai fatto! Non ho sempre fatto loro del bene? Ma aspetta! Ladri, tutti ladri! Ora vi metterò a posto io!

X

А лошади, тройка саврасых, были уже на местах. Одну, Машку, продали цыганам за восемнадцать рублей, другого, Пестрого, променяли мужику за сорок верст, Красавчика загнали и зарезали. Продали шкуру за три рубля. Всему делу этому был руководчиком Иван Миронов. Он служил у Петра Николаича и знал порядки Петра

X

Ma i cavalli, una tròjka di roani, erano già a destinazione. Uno, Màska, fu venduto agli zingari per diciotto rubli, un altro, il Pezzato, fu cambiato con un altro cavallo di un contadino, a quaranta verste di distanza, il Bello era talmente sfiancato che lo squartarono e la pelle fu venduta per tre rubli. Colui che aveva condotto tutto l'affare era Ivàn Mirònov. Egli aveva servito presso Pjotr Nikolàjevic e conosceva

Николаича и решил вернуть свои денежки. И устроил дело.

tutte le sue consuetudini, sicché decise di ricuperare il suo denaro. E combinò l'affare.

После своего несчастья с фальшивым купоном Иван Миронов долго пил и пропил бы все, если бы жена не спрятала от него хомуты, одежу и все, что можно было пропить. Во время пьянства своего Иван Миронов не переставая думал не только о своем обидчике, но о всех господах и господишках, которые только тем живут, что обирают нашего брата. Пил один раз Иван Миронов с мужиками из-под Подольска. И мужики, дорогой, пьяные, рассказали ему, как они свели лошадей у мужика. Иван Миронов стал ругать конокрадов за то, что они обидели мужика. «Грех это, — говорил он, — у мужика лошадка все равно брат, а ты его обездолишь. Коли уводить, так у господ. Эти собаки того стоят». Дальше, больше, разговорились, и подольские мужики сказали, что у господ свести лошадей хитро. Надо знать ходы, а без своего человека нельзя. Тогда Иван Миронов вспомнил про Свентицкого, у которого он жил в работниках, вспомнил, что Свентицкий недодал при расчете полтора рубля за сломанный шкворень, вспомнил и про савраденьких лошадок, на которых он работал.

Dopo la sua disgrazia della cedola falsa Ivàn Mirònov per un pezzo si era messo a bere, e avrebbe sperperato tutto bevendo se la moglie non gli avesse nascosto i collari del cavallo, i vestiti e tutto ciò che poteva esser venduto per bere. Durante le sue sbornie, Ivàn Mirònov non smetteva di pensare non soltanto a colui che gli aveva fatto il torto, ma a tutti i signori e signorotti che vivono solamente derubando il prossimo. Una volta Ivàn Mirònov si mise a bere con certi contadini dei dintorni di Podòlsk. E quei contadini, ubriachi, strada facendo, gli raccontarono di aver rubato dei cavalli a un altro contadino. Ivàn Mirònov si mise a ingiuriare i ladri di cavalli perché avevano fatto torto a un contadino. "Questo è un peccato, – disse; – per un contadino un cavallo è come un fratello, e tu lo privi di tutto. Se devi rubare, ruba ai signori. Questi cani se lo meritano". Seguitarono a discorrere, e i contadini di Podòlsk dissero che rubare i cavalli a un signore era difficile. Bisognava conoscere i luoghi e senza un uomo del posto non si faceva nulla. Allora Ivàn Mirònov si ricordò di Sventìtskij, presso il quale era stato a lavorare, si ricordò che Sventìtskij una volta gli aveva trattenuto un rublo e mezzo sulla paga per un cavicchio rotto, si ricordò anche dei cavalli roani, che adoperava nel lavoro.

Иван Миронов сходил к Свентицкому как будто наниматься, а только затем, чтобы высмотреть и узнать все. И узнав все, что караульщика нет, что лошади в

Ivàn Mirònov andò da Sventìtskij come per farsi assumere, ma era soltanto per osservare e informarsi di tutto. Dopo esser venuto a saper tutto: che non c'era il guardiano, che i cavalli stavano nelle poste

денниках, в конюшне, подвел воров и сделал все дело.

della scuderia, fece venire i ladri e compì tutta l'impresa.

Поделив с подольскими мужиками выручку, Иван Миронов с пятью рублями приехал домой. Дома делать нечего было: лошади не было. И с той поры Иван Миронов стал водиться с конокрадами и цыганами.

Diviso il bottino coi contadini di Podòlsk, Ivàn Mirònov se ne andò a casa con cinque rubli. A casa non c'era nulla da fare, non c'era più il cavallo, e da quel momento Ivàn Mirònov cominciò a farsela coi ladri di cavalli e con gli zingari.

XI

XI

Петр Николаич Свентицкий из всех сил старался найти вора. Без своего не могло быть сделано дело. И потому он стал подозревать своих и, разузнав у рабочих, кто не ночевал в эту ночь дома, узнал, что не ночевал Прошка Николаев — молодой малый, только что пришедший из военной службы солдат, красивый, ловкий малый, которого Петр Николаич брал для выездов вместо кучера. Становой был приятель Петра Николаича, он знал и исправника, и предводителя, и земского начальника, и следователя. Все эти лица бывали у него в именины и знали его вкусные наливки и соленые грибки — белые, опенки и грузди. Все жалели его и старались помочь ему.

Pjotr Nikolàjevic Sventìtskij con tutte le sue forze si mise a cercare il ladro. Senza qualcuno di casa non potevano aver fatto il colpo. Cominciò dunque a sospettare della gente, interrogò gli operai per sapere chi era stato fuori quella notte, e seppe che Pròska Nikolàjev, un giovanotto tornato allora allora dal servizio militare, bello, svelto, che Pjotr Nikolàjevic aveva preso per cocchiere, non aveva passato la notte in casa. Il commissario rurale era un amico di Pjotr Nikolàjevic, il quale conosceva anche il capo di polizia del distretto, il maresciallo della nobiltà, il capo del zèmstvo e il giudice istruttore. Tutti questi personaggi venivano da lui per il suo onomastico e conoscevano i suoi gustosi liquori, i suoi funghi sott'olio, i bianchi, i gallicci, i prugnoli, eccetera. Tutti lo compativano e si sforzavano di aiutarlo.

— Вот, а вы защищаете мужиков, — говорил становой. — Правду я говорил, что хуже зверей. Без кнута и палки с ними ничего не

– Ecco, e voi difendete i contadini, – diceva il commissario rurale. – Io dicevo la verità affermando che son peggio delle bestie. Senza la frusta e il bastone con loro

поделаешь. Так вы говорите, Прошка, тот, что с вами кучером ездит?

— Да, он.

— Давайте его сюда.

Прошку призвали и стали допрашивать:

— Где был?

Прошка тряхнул волосами, блеснул глазами.

— Дома.

— Как же дома, все рабочие показывают, что тебя не было.

— Воля ваша.

— Да не в моей воле дело. А где ты был?

— Дома.

— Ну, хорошо же. Сотский, сведи его в стан.

— Воля ваша.

Так и не сказал Прошка, где был, а не сказал потому, что ночь он был у своего дружка, у Параши, и обещал не выдавать ее, и не выдал. Улик не было. И Прошку выпустили. Но Петр Николаич был уверен, что это все дело Прокофья, и возненавидел его. Один раз Петр Николаич, взяв Прокофья за кучера, выслал его на подставу. Прошка, как и всегда делал, взял на постоялом дворе две меры овса. Полторы скормил, а на полмеры выпил. Петр Николаич узнал это и подал мировому судье. Мировой судья приговорил Прошку на три месяца в острог. Прокофий был самолюбив. Он считал себя выше

non si fa nulla. Sicché voi dite, Pròska, quello che vi fa da cocchiere?

– Già, lui.

– Fatelo venir qui.

Pròska fu fatto venire e interrogato.

– Dove eri?

Pròska scosse i capelli, i suoi occhi luccicarono.

– A casa.

– Come a casa, se tutti gli operai hanno deposto che tu non c'eri?

– Come volete.

– Non si tratta della mia volontà, ma tu dov'eri?

– A casa.

– Sì, va bene. Agente, conducetelo al commissariato.

– Come volete.

Così Pròska non disse dov'era stato, e non lo disse perché quella notte era in casa della sua amica, Paràsa, e aveva promesso di non tradirla e non la tradì. Prove non ce n'erano e Pròska fu rilasciato. Ma Pjotr Nikolàjevic era persuaso che tutto era stato opera di Prokòfij [Nome proprio (Procopio), di cui Pròska è il diminutivo], e si mise a odiarlo. Una volta Pjotr Nikolàjevic chiamò Prokòfij invece del cocchiere e lo mandò al deposito. Pròska, come faceva sempre, prese due misure di biada alla locanda. Diede una misura e mezzo ai cavalli, vendette l'altra mezza misura e si bevve il denaro. Pjotr Nikolàjevic lo seppe e lo denunziò al giudice di pace. Il giudice di pace condannò Pròska a tre mesi di prigione. Prokòfij era*

людей и гордился собой. Острог унизил его. Ему нельзя было гордиться перед народом, и он сразу упал духом.

pieno di amor proprio. Si riteneva superiore agli altri ed era fiero di sé. La prigione l'umiliò. Non poteva più mostrarsi fieramente davanti alla gente, e si avvilì.

Из острога Прошка вернулся домой не столько озлобленный против Петра Николаича, сколько против всего мира.

Dalla prigione Pròska tornò a casa irritato non tanto contro Pjotr Nikolàjevic, quanto contro il mondo intero.

Прокофий, как говорили все, после острога опустился, стал лениться работать, стал пить и скоро попался в воровстве одежи у мещанки и попал опять в острог.

Prokòfij, come dicevano tutti, dopo la prigione si lasciò andar giù, cominciò a non aver più voglia di lavorare, cominciò a bere, e poco dopo si trovò impigliato in un furto di abiti presso una mercantessa e andò di nuovo in carcere.

Петр же Николаич узнал об лошадях только то, что была найдена шкура с саврасого мерина, которую Петр Николаич признал за шкуру Красавчика. И эта безнаказанность воров еще больше раздражила Петра Николаича. Он не мог теперь без злобы видеть мужиков и говорить про них и где мог старался прижать их.

Pjotr Nikolàjevic non seppe altro dei suoi cavalli se non che era stata trovata la pelle di un cavallo roano, che egli riconobbe per la pelle del Bello; e questa impunità dei ladri fece andare sempre più fuori di sé Pjotr Nikolàjevic. Ora non poteva più vedere senza irritazione i contadini né parlarne e, quando poteva, si sforzava di nuocer loro.

XII

XII

Несмотря на то, что, спустив купон, Евгений Михайлович перестал думать о нем, жена его Марья Васильевна не могла простить ни себе, что поддалась обману, ни мужу за жестокие слова, которые он сказал ей, ни, главное, тем двум мальчишкам-негодяям, которые так

Malgrado il fatto che Jevghènij Michàjlovic, avendo dato via la cedola, avesse smesso di pensarci, sua moglie Màrja Vasìljevna non poteva perdonare a se stessa d'essersi lasciata ingannare, né al marito di averle detto parole crudeli, né, principalmente, a quei due furfanti di ragazzi di averla così abilmente raggirata.

ловко обманули ее.

С того самого дня, как ее обманули, она приглядывалась ко всем гимназистам. Раз она встретила Махина, но не узнала его, потому что он, увидав ее, сделал такую рожу, которая совсем изменила его лицо. Но Митю Смоковникова она, столкнувшись с ним нос с носом на тротуаре недели две после события, тотчас же узнала. Она дала ему пройти и, повернувшись, следом пошла за ним. Дойдя до его квартиры и узнав, чей он сын, она на другой день пошла в гимназию и в передней встретила законоучителя Михаила Введенского. Он спросил, что ей нужно. Она сказала, что желает видеть директора.

Fin dal giorno in cui essi l'avevano ingannata, ella s'era messa a osservare tutti gli studenti di ginnasio. Una volta incontrò Màchin, ma non lo riconobbe, perché egli, vedendola, fece una smorfia tale che gli trasformò completamente il viso. Ma riconobbe subito Mìtja Smokòvnikov col quale si scontrò naso contro naso sul marciapiede, due settimane dopo il fatto. Lo lasciò passare e, voltatasi, si mise a seguirlo. Giunta fino a casa sua, seppe di chi era figlio, e il giorno seguente andò al ginnasio e nell'atrio incontrò il maestro di religione Michaìl Vvedjènskij. Egli le domandò che cosa le occorresse. Ella disse che desiderava vedere il direttore.

— Директора нет, он нездоров; может быть, я могу исполнить или передать ему?

– Il direttore non c'è, è ammalato; forse potrei far io o riferire a lui.

Марья Васильевна решила все рассказать законоучителю.

Màrja Vasìljevna decise di raccontare tutto al maestro di religione.

Законоучитель Введенский был вдовец, академик и человек очень самолюбивый. Еще в прошлом году он встретился в одном обществе с отцом Смоковникова и, столкнувшись с ним в разговоре о вере, в котором Смоковников разбил его по всем пунктам и поднял на смех, решил обратить особенное внимание на сына и, найдя в нем такое же равнодушие к закону божию, как и в неверующем отце, стал преследовать его и даже провалил его на экзамене.

Il maestro di religione Vvedjènskij era vedovo, accademico e uomo molto ambizioso. Già l'anno precedente s'era incontrato in una casa col padre di Smokòvnikov e, essendosi urtato con lui in un discorso su cose di religione, nel quale Smokòvnikov l'aveva battuto su tutti i punti e l'aveva canzonato, risolse di osservare il figlio con particolare attenzione, e avendo trovato nel ragazzo la stessa indifferenza in materia religiosa che aveva riscontrata nel padre miscredente, cominciò a perseguitarlo e lo bocciò anche all'esame.

Узнав от Марьи Васильевны про поступок молодого Смоковникова,

Avendo appreso da Màrja Vasìljevna l'azione del giovane Smokòvnikov,

Введенский не мог не почувствовать удовольствия, найдя в этом случае подтверждение своих предположений о безнравственности людей, лишенных руководства церкви, и решил воспользоваться этим случаем, как он старался себя уверить, для показания той опасности, которая угрожает всем отступающим от церкви, — в глубине же души для того, чтобы отомстить гордому и самоуверенному атеисту.

Vvedjènskij non poté non provarne piacere, trovando in questo fatto la conferma dei suoi convincimenti sull'immoralità degli uomini privi della direzione della Chiesa, e decise di approfittare di questo caso, come egli si sforzava di persuadersi, per dimostrare quale pericolo minacci tutti coloro che si allontanano dalla Chiesa. Ma nel fondo dell'anima era per vendicarsi dell'orgoglioso e presuntuoso ateo.

— Да, очень грустно, очень грустно, — говорил отец Михаил Введенский, поглаживая рукой гладкие бока наперсного креста. — Я очень рад, что вы передали дело мне; я, как служитель церкви, постараюсь не оставить молодого человека без наставлений, но и постараюсь как можно более смягчить назидание.

– Sì, è molto triste, molto triste, – disse il padre Michaìl Vvedjènskij, carezzando con la mano gli orli lisci della sua croce pettorale. – Son molto contento che abbiate rimesso a me quest'affare; io, come servo della Chiesa, mi adopererò perché il giovane non rimanga senza una punizione, ma mi adopererò anche per mitigare il castigo quanto più è possibile.

«Да, я сделаю так, как подобает моему званию», — говорил себе отец Михаил, думая, что он, совершенно забыв недоброжелательство к себе отца, имеет в виду только благо и спасение юноши.

"Sì, farò ciò che conviene al mio ministero", disse fra sé padre Michaìl, pensando di aver dimenticato completamente l'ostilità del padre verso di lui e di proporsi soltanto il bene e la salvezza del giovane.

На следующий день на уроке закона божия отец Михаил рассказал ученикам весь эпизод фальшивого купона и сказал, что это сделал гимназист.

Il giorno seguente, alla lezione di religione, padre Michaìl raccontò agli alunni tutto l'episodio della cedola falsa e disse che il fatto era stato commesso da uno studente di ginnasio.

— Поступок дурной, постыдный, — сказал он, — но запирательство еще хуже. Если, чему я не верю, это сделал один из вас, то лучше ему покаяться, чем

– È una brutta azione, vergognosa, – disse egli, – ma il volerla negare è anche peggio. Se, cosa che io non credo, questo è stato commesso da uno di voi, sarebbe meglio che costui si accusasse, invece di

скрываться.

nascondersi.

Говоря это, отец Михаил пристально смотрел на Митю Смоковникова. Гимназисты, следя за его взглядом, тоже оглядывались на Смоковникова. Митя краснел, потел, наконец расплакался и выбежал из класса.

Dicendo ciò, padre Michaìl guardò fisso Mìtja Smokòvnikov. Gli alunni, seguendo il suo sguardo, si voltarono a guardare anche loro Smokòvnikov. Mìtja arrossì, divenno tutto sudato e alla fine scoppiò a piangere e scappò via dalla classe.

Мать Мити, узнав про это, выпытала всю правду у сына и побежала в магазин фотографических принадлежностей. Она заплатила двенадцать рублей пятьдесят копеек хозяйке и уговорила ее скрыть имя гимназиста. Сыну же велела все отрицать и ни в коем случае не признаваться отцу.

La madre di Mìtja, apprendendo ciò, fece confessare al figlio tutta la verità e corse nel negozio di accessori per fotografia. Pagò dodici rubli e cinquanta copeche alla padrona e la scongiurò di tacere il nome dello studente. Al figlio poi ordinò di negar tutto e in ogni caso di non confessarlo al padre.

И действительно, когда Федор Михайлович узнал о том, что было в гимназии, и призванный им сын отперся от всего, он поехал к директору и, рассказав все дело, сказал, что поступок законоучителя в высшей степени предосудителен и он не оставит этого так. Директор пригласил священника, и между им и Федором Михайловичем произошло горячее объяснение.

E difatti, quando Fjòdor Michàjlovic apprese ciò che era accaduto al ginnasio e, interrogato il figlio, questi negò tutto, andò dal direttore e, raccontatogli tutto il fatto, disse che il modo di agire del maestro di religione era biasimevole al più alto grado e che egli non l'avrebbe lasciata passare così. Il direttore fece chiamare il sacerdote e fra lui e Fjòdor Michàjlovic ci fu una spiegazione assai veemente.

— Глупая женщина вклепалась в моего сына, потом сама отреклась от своего показания, а вы не нашли ничего лучшего, как оклеветать честного, правдивого мальчика.

– Una stupida donna ha calunniato mio figlio, poi ella stessa ha ritrattato la sua deposizione, e voi non avete trovato nulla di meglio che calunniare un bravo e onesto ragazzo.

— Я не клеветал и не позволю вам говорить так со мной. Вы забываете мой сан.

– Io non l'ho calunniato e non vi permetto di parlarmi così. Voi dimenticate il mio ministero.

— Наплевать мне на ваш сан.

– Ci sputo sopra al vostro ministero.

— Ваши превратные понятия, — дрожа подбородком, так что тряслась его редкая бородка,

– Le vostre idee depravate – disse il maestro di religione, a cui il mento tremava, sicché la barba rada gli

заговорил законоучитель, — известны всему городу.

ondeggiava, – son conosciute da tutta la città.

— Господа, батюшка, — старался успокоить спорящих директор. Но успокоить их нельзя было.

– Signori, padre! – si sforzava il direttore di calmare i due contendenti, ma era impossibile metter pace fra loro.

— Я по долгу своего сана должен заботиться о религиозно-нравственном воспитании.

– Io, per dovere del mio ministero, sono obbligato a vigilare sull'educazione religiosa e morale degli alunni.

— Полноте притворяться. Разве я не знаю, что вы ни в чох, ни в смерть не верите?

– Smettetela di fingere, come se io non sapessi che voi non credete né al diavolo né alla morte!

— Я считаю недостойным себя говорить с таким господином, как вы, — проговорил отец Михаил, оскорбленный последними словами Смоковникова в особенности потому, что он знал, что они справедливы. Он прошел полный курс духовной академии и потому давно уже не верил в то, что исповедовал и проповедовал, а верил только в то, что все люди должны принуждать себя верить в то, во что он принуждал себя верить.

– Io stimo indegno di me il discorrere con un individuo come voi, – proferì padre Michaìl, offeso dalle ultime parole di Smokòvnikov, specialmente perché sapeva che erano giuste. (Egli aveva fatto tutto il corso dell'accademia teologica e perciò da un pezzo non credeva più a ciò che professava e predicava, ma credeva soltanto che tutti gli uomini dovessero sforzarsi di credere a ciò che egli si sforzava di far credere a se stesso.)

Смоковников не столько был возмущен поступком законоучителя, сколько находил, что это хорошая иллюстрация того клерикального влияния, которое начинает проявляться у нас, и всем рассказывал про этот случай.

Smokòvnikov non era tanto indignato dall'atto del sacerdote, quanto dal vedervi una bella prova di quell'influenza clericale che comincia ad apparire fra noi; e raccontò a tutti quel fatto.

Отец же Введенский, видя проявления утвердившегося нигилизма и атеизма не только в молодом, но старом поколении, все больше и больше убеждался в необходимости борьбы с ним. Чем больше он осуждал неверие Смоковникова и ему подобных, тем

Padre Vvedjènskij, a sua volta, scorgendo una manifestazione di nichilismo e di ateismo non soltanto nella giovane, ma anche nella vecchia generazione, si persuase sempre più della necessità di combatterli. Quanto più condannava l'incredulità di Smokòvnikov e dei suoi pari, tanto più si convinceva della fermezza e della solidità

больше он убеждался в твердости и незыблемости своей веры и тем меньше чувствовал потребности проверять ее или согласовать ее с своей жизнью. Его вера, признаваемая всем окружающим его миром, была для него главным орудием борьбы против ее отрицателей.

Эти мысли, вызванные в нем столкновением с Смоковниковым, вместе с неприятностями по гимназии, происшедшими от этого столкновения, — именно, выговор, замечание, полученное от начальства, — заставили его принять давно уже, со смерти жены, манившее его к себе решение: принять монашество и избрать ту самую карьеру, по которой пошли некоторые из его товарищей по академии, из которых один был уже архиереем, а другой архимандритом на вакансии епископа.

К концу академического года Ввведенский покинул гимназию, постригся в монахи под именем Мисаила и очень скоро получил место ректора семинарии в поволжском городе.

della propria fede e tanto meno sentiva il bisogno di controllarla o di metterla d'accordo con la propria vita. La sua fede, riconosciuta da tutto il mondo che lo circondava, era per lui l'arma principale della lotta contro coloro che la negavano.

Questi pensieri, sorti in lui dallo scontro con Smokòvnikov, insieme con le noie che ebbe al ginnasio in conseguenza di quello scontro, – e precisamente un'osservazione e un rimprovero che ricevette dalla direzione, – gli fecero prendere una decisione che lo seduceva da un pezzo, fin dalla morte della moglie, cioè di farsi monaco e avviarsi per quella strada dove s'erano messi alcuni fra i suoi compagni d'accademia, dei quali uno era già vescovo e un altro archimandrita, in attesa che si liberasse un episcopato.

Alla fine dell'anno accademico, Vvedjènskij abbandonò il ginnasio, prese l'abito nel monastero sotto il nome di Misaìl, e ben presto ottenne il posto di rettore del seminario in una città presso il Volga.

XIII

Между тем Василий-дворник шел большой дорогой на юг.

День он шел, а на ночь

XIII

Intanto il portinaio Vasìlij camminava sulla strada maestra verso il sud.

Di giorno camminava e la notte

десятский отводил его на очередную квартиру. Хлеб ему везде давали, а иногда и сажали за стол ужинать. В одной деревне Орловской губернии, где он ночевал, ему сказали, что купец, снявший у помещика сад, ищет молодцов-караульных. Василью надоело нищенствовать, а домой идти не хотелось, и он пошел к купцу-садовнику и нанялся караульщиком за пять рублей в месяц.

l'agente di polizia del luogo lo conduceva all'alloggio assegnato. Il pane glielo davano dappertutto e a volte lo facevano sedere a tavola a cenare. In un villaggio della provincia di Orjòl, dove egli passava la notte, gli dissero che un mercante il quale aveva preso in fitto un giardino da un proprietario cercava dei giovani per guardiani. A Vasìlij il mendicare era venuto a noia, e a casa non ci voleva tornare, sicché andò dal mercante-giardiniere e venne assunto come guardiano a cinque rubli al mese.

Жизнь в шалаше, особенно после того, как стала поспевать грушовка и с барского гумна караульщики принесли большущие вязанки свежей, из-под молотилки, соломы, была очень приятна Василью. Лежи целый день на свежей, пахучей соломе подле кучек, еще более, чем солома, пахучих, падали ярового и зимового яблока, поглядывай, не забрались ли где ребята за яблоками, посвистывай и распевай песни. А песни петь Василий был мастер. И голос у него был хороший. Придут с деревни бабы, девки за яблоками. Пошутит с ними Василий, отдаст, как какая приглянется, побольше или поменьше яблок за яйца или копеечки — и опять лежи; только сходи позавтракать, пообедать, поужинать.

La vita nella capanna, specialmente dopo che le mele dolci cominciarono a maturare, e dall'aia del padrone i guardiani portarono dei fasci di paglia fresca tolta da sotto alla trebbiatrice, piaceva molto a Vasìlij. Sdraiato tutto il giorno sulla paglia fresca e odorosa, accanto a mucchi di mele d'estate e d'inverno che odoravano ancor più della paglia, fischiava e cantava, guardando che i ragazzi non venissero a pigliar le mele. E di cantare canzoni Vasìlij era maestro. E aveva una bella voce. Venivano dal villaggio delle donne e delle ragazze per le mele. Vasìlij scherzava con loro, a quelle che gli piacevano dava più o meno mele in cambio di uova o di copeche – e di nuovo si sdraiava, e si muoveva soltanto per far colazione, desinare e cena.

Рубаха на Василье была одна розовая ситцевая, и та в дырах, на ногах ничего не было, но тело было сильное, здоровое, и, когда котелок с кашей снимали с огня, Василий съедал за троих, так что старик

Aveva una sola camicia di cotone color rosa ed era anche lacera, ai piedi nulla, ma il suo corpo era forte, sano, e quando levavano dal fuoco la pentola con la kàsa, Vasìlij mangiava per tre, tanto che il vecchio guardiano se ne meravigliava. La

караульщик только дивился на него. По ночам Василий не спал и либо свистал, либо покрикивал и, как кошка, далеко в темноте видел. Раз забрались с деревни большие ребята трясти яблоки. Василий подкрался и набросился на них; хотели они отбиться, да он расшвырял их всех, а одного привел в шалаш и сдал хозяину.

Первый шалаш Василья был в дальнем саду, а второй шалаш, когда грушовка сошла, был в сорока шагах от барского дома. И в этом шалаше Василью еще веселее было. Целый день Василий видел, как господа и барышни играли, ездили кататься, гуляли, а по вечерам и ночам играли на фортепьяно, на скрипке, пели, танцевали. Видел он, как барышни с студентами сидели на окнах и ласкались и потом одни шли гулять в темные липовые аллеи, куда только полосами и пятнами проходил лунный свет. Видел он, как бегали слуги с едой и питьем и как повара, прачки, приказчики, садовники, кучера — все работали только затем, чтобы кормить, поить, веселить господ. Заходили иногда молодые господа и к нему в шалаш, и он отбирал им и подавал лучшие, наливные и краснобокие яблоки, и барышни тут же, хрустя зубами, кусали их и хвалили и что-то говорили — Василий понимал, что об нем, — по-французски и заставляли его петь.

И Василий любовался на эту жизнь, вспоминая свою московскую жизнь, и мысль о том,

notte Vasìlij non dormiva e, o fischiava o mandava degli strilli acuti, e al buio ci vedeva da lontano come un gatto. Una volta dal villaggio vennero dei ragazzi grandi a scrollare i meli. Vasìlij si avvicinò pian piano e si gettò loro addosso: essi tentarono di respingerlo, ma lui li disperse, e uno lo condusse nella capanna e lo consegnò al padrone.

La prima capanna dov'era stato Vasìlij era in un giardino lontano, ma la seconda capanna che gli toccò, quando furon tolte via le mele dolci, era a quaranta passi dalla casa del padrone. E in questa capanna Vasìlij stava anche più allegramente. Tutto il giorno Vasìlij vedeva i signori e le signorine che giocavano, passeggiavano, andavano a scarrozzare, e la sera e fino a notte fonda suonavano il pianoforte, il violino, cantavano, ballavano. Vedeva le signorine e gli studenti, seduti sui davanzali delle finestre, che si facevano delle carezze e poi se ne andavano soli, a coppie, a passeggiare per gli scuri viali di tigli, dove penetrava soltanto a strisce e macchie la luce della luna. Vedeva i servitori correre con vivande e bibite, e i cuochi, le lavandaie, gl'intendenti, i giardinieri, i cocchieri, tutti lavorare solo per nutrire, servir da bere, divertire i signori. A volte i padroni venivano da lui nella capanna, ed egli sceglieva e dava loro le mele più rosse e succose, e le signorine, addentandole, ne decantavano le qualità e dicevano qualcosa in francese, – Vasìlij capiva che parlavano di lui, – e poi gli facevano cantare delle canzoni.

E Vasìlij ammirava quella vita, ricordandosi la sua vita a Mosca, e l'idea che tutto consiste nel denaro sempre più gli

что все дело в деньгах, все больше и больше западала ему в голову.

si conficcava nel cervello.

И Василий стал все больше и больше думать о том, как бы сделать, чтобы сразу захватить побольше денег. Стал он вспоминать, как он прежде пользовался, и решил, что не так надо делать, что надо не так, как прежде, ухватить где плохо лежит, а вперед обдумать, вызнать и сделать чисто, чтобы никаких концов не оставить. К рожеству богородицы сняли последнюю антоновку. Хозяин попользовался хорошо и всех караульщиков и Василья расчел и отблагодарил.

Vasìlij cominciò a pensare sempre più al come si dovesse fare per impossessarsi in una volta sola di molto denaro. Si mise a ripensare come altre volte aveva profittato delle occasioni, e decise che non bisognava fare come allora, che non bisognava come allora afferrare ciò che capitava sotto mano, ma prima meditar bene, informarsi, e agire abilmente, per non lasciare nessuna traccia. Verso la Natività della Vergine si raccolsero le ultime mele. Il padrone guadagnò parecchio, e ricompensò tutti i guardiani e anche Vasìlij e li ringraziò.

Василий оделся — молодой барин подарил ему куртку и шляпу — и не пошел домой, очень тошно ему было думать о мужицкой, грубой жизни, — а вернулся назад в город с пьющими солдатиками, которые вместе с ним караулили сад. В городе он решил ночью взломать и ограбить ту лавку, у хозяина которой он жил и который прибил его и прогнал без расчета. Он знал все ходы и где были деньги, солдатика приставил караулить, а сам взломал окно со двора, пролез и выбрал все деньги. Дело было сделано искусно, и следов никаких не нашли. Денег вынул триста семьдесят рублей. Сто рублей Василий дал товарищу, а с остальными уехал в другой город и там кутил с товарищами и товарками.

Vasìlij si vestì – il giovane padrone gli aveva regalato una giacchetta e un cappello, – e non andò a casa, – gli era troppo penoso pensare alla rozza vita dei contadini; – ma tornò indietro, in città, con dei soldati ubriaconi, che avevano sorvegliato il frutteto insieme a lui. In città decise di andar di notte a scassinare e svaligiare la bottega dov'egli aveva servito e il cui padrone lo aveva battuto e mandato via senza dargli il suo conto. Egli conosceva tutti gli ingressi e dove erano i denari; mise un soldato a guardia ed egli stesso forzò una finestra che dava sul cortile, passò di lì e vuotò la cassa. L'impresa fu compiuta abilmente e non fu trovata nessuna traccia. Di denaro, aveva rubato trecentosettanta rubli. Cento rubli Vasìlij li diede al suo compagno, e col resto se ne andò in un'altra città e là fece vita allegra con gli amici e con le loro accompagnatrici.

XIV

Между тем Иван Миронов стал ловким, смелым и успешным конокрадом. Афимья, его жена, прежде ругавшая его за плохие дела, как она говорила, теперь была довольна и гордилась мужем, тем, что у него тулуп крытый и у ней самой полушалок и новая шуба.

В деревне и в округе все знали, что ни одна кража лошадей не обходилась без него, но доказать на него боялись, и, когда и бывало на него подозрение, он выходил чист и прав. Последняя кража его была из ночного в Колотовке. Когда мог, Иван Миронов разбирал, у кого красть, и больше любил брать у помещиков и купцов. Но и у помещиков и купцов было труднее. И потому, когда не подходили помещичьи и купеческие, он брал и у крестьян. Так он и захватил в Колотовке из ночного каких попало лошадей. Сделал дело не он сам, но подговоренный им ловкий малый Герасим. Мужики хватились лошадей только на заре и бросились искать по дорогам. Лошади же стояли в овраге, в казенном лесу. Иван Миронов намеревался продержать их тут до другой ночи, а ночью махнуть за сорок верст к знакомому дворнику. Иван Миронов проведал Герасима

XIV

Intanto Ivàn Mirònov era diventato un ladro di cavalli furbo, ardito e fortunato. Afimja, sua moglie, che prima lo rimproverava per i suoi magri affari, come essa diceva, ora era contenta e fiera del marito perché possedeva un tulùp foderato e anche lei ora aveva uno scialletto e una pelliccia nuova.

Nel villaggio e nei dintorni tutti sapevano che non accadeva un solo furto di cavalli senza che egli vi avesse parte, ma avevano paura di deporre contro di lui, e quando c'era un sospetto sul conto suo, egli ne usciva puro e innocente. L'ultimo suo furto di cavalli era stato quello di notte a Kolotòvka. Quando poteva, Ivàn Mirònov sceglieva le persone a cui rubare e preferiva rubare ai proprietari e ai mercanti. Ma il furto a danno dei proprietari e dei mercanti era più difficile. E perciò, quando non gli venivano a tiro proprietari e mercanti, rubava anche ai contadini. Così quella notte a Kolotòvka aveva rubato a caso dei cavalli. Non aveva fatto il colpo lui, ma Gheràsim, un ragazzo molto furbo, da lui istigato. I contadini si accorsero della scomparsa dei cavalli soltanto all'alba, e subito si gettarono alla loro ricerca per tutte le strade. I cavalli invece stavano in un borro della foresta demaniale. Ivàn Mirònov aveva intenzione di tenerli lì fino alla notte seguente, e di notte condurli a quaranta verste di là, da un locandiere di sua conoscenza. Ivàn

в лесу, принес ему пирога и водки и пошел домой лесной тропинкой, где надеялся никого не встретить. На беду его он столкнулся с сторожем-солдатом.

Mirònov raggiunse Gheràsim nella foresta, gli portò della torta e della vodka, e si avviò a casa per un sentiero della foresta dove sperava di non incontrare nessuno. Per sua disgrazia s'imbatté in un soldato di guardia.

— Али по грибы ходил? — сказал солдат.

– O che sei andato per funghi? – disse il soldato.

— Да нет ничего нынче, — отвечал Иван Миронов, показывая на лукошко, которое он взял на всякий случай.

– Ora non ce ne sono, – rispose Ivàn Miròonov, mostrando il paniere che aveva preso con sé per ogni evenienza.

— Да, нынче не грибное лето, — сказал солдат, — нешто постом пойдут, — и прошел мимо.

– Già, ora non è stagione di funghi, – disse il soldato, – vengono un po' più tardi, – e passò oltre.

Солдат понял, что тут что-то неладно. Незачем было Ивану Миронову ходить рано утром по казенному лесу. Солдат вернулся и стал шарить по лесу. Около оврага он услыхал лошадиное фырканье и пошел потихоньку к тому месту, откуда слышал. В овраге было притоптано, и был лошадиный помет. Дальше сидел Герасим и ел что-то, а две лошади стояли привязанные у дерева.

Il soldato capì che ci doveva essere qualcosa sotto. Non senza un perché Ivàn Miròonov se ne andava di così buon mattino per la foresta demaniale. Il soldato tornò indietro e si mise a frugare per la foresta. Nei pressi del borro udì nitrire i cavalli e se ne andò pian pianino là da dove veniva il nitrito. Nel borro la terra era calpestata e ci si vedeva del concio di cavallo. Più lontano era seduto Gheràsim che mangiava qualcosa, e due cavalli erano legati a un albero.

Солдат побежал в деревню, взял старосту, сотского и двух понятых. Они с трех сторон подошли к тому месту, где был Герасим, и захватили его. Гераська не стал запираться и тотчас же спьяна во всем сознался. Рассказал, как его напоил и подговорил Иван Миронов и как обещался нынче прийти за лошадьми в лес. Мужики оставили лошадей и Герасима в лесу, а сами сделали засаду, выжидая Ивана Миронова. Когда смерклось, послышался свист. Герасим

Il soldato corse al villaggio, chiamò lo stàrosta, la guardia e due testimoni. Essi, da tre parti diverse, andarono al luogo dove era Gheràsim e l'arrestarono. Gheràska non negò e subito, essendo ubriaco, confessò tutto. Raccontò come Ivàn Miròonov l'aveva fatto bere e l'aveva istigato e come aveva promesso di venire in giornata a prendere i cavalli nella foresta. I contadini lasciarono i cavalli e Gheràsim nella foresta, ma ordirono un tranello e aspettarono Ivàn Miròonov. Quando cominciò a imbrunire, si udì un fischio. Gheràsim rispose. Appena Ivàn Miròonov

откликнулся. Только Иван Миронов стал спускаться с горы, на него набросились и повели в деревню. Наутро перед Старостиной избой собралась толпа.

cominciò a scendere dall'altura, fu assalito e condotto al villaggio. La mattina, davanti all'izba dello stàrosta, si adunò una folla.

Ивана Миронова вывели и стали допрашивать. Степан Пелагеюшкин, высокий, сутуловатый, длиннорукий мужик, с орлиным носом и мрачным выражением лица, первый стал допрашивать. Степан был мужик одинокий, отбывший воинскую повинность. Только что отошел от отца и стал справляться, как у него увели лошадь. Проработав год в шахтах, Степан опять справил двух лошадей. Обеих увели.

Condussero Ivàn Miròn̄ov e si misero a interrogarlo. Stjepàn Pelaghèjuskin, un contadino alto, un po' curvo, dalle lunghe mani, con un naso aquilino e un'espressione cupa nel viso, cominciò per primo a interrogarlo. Stjepàn era un contadino senza famiglia, che aveva fatto il suo servizio militare. Appena s'era separato dal padre e cominciava a stabilirsi per conto suo, gli avevano rubato il cavallo. Dopo aver lavorato due anni nelle miniere, Stjepàn era riuscito a comprarsi altri due cavalli. Glieli avevano portati via tutti e due.

— Говори, где мои кони, — мрачно глядя то в землю, то в лицо Ивана, заговорил, побледнев от злобы, Степан.

– Di', dove sono i miei cavalli? – disse Stjepàn, impallidendo dalla rabbia, e fissando lo sguardo cupo ora in terra, ora nel viso d'Ivàn Miròn̄ov.

Иван Миронов отперся. Тогда Степан ударил его в лицо и разбил нос, из которого потекла кровь.

Ivàn Miròn̄ov negò. Allora Stjepàn lo colpì in viso e gli schiacciò il naso, da cui si mise a colare il sangue.

— Говори, убью!

– Parla o t'ammazzo!

Иван Миронов молчал, сгибая голову. Степан ударил своей длинной рукой раз, другой. Иван все молчал, только откидывал то туда, то сюда голову.

Ivàn Miròn̄ov taceva, chinando il capo. Stjepàn lo colpì con la sua lunga mano una volta, due. Ivàn taceva sempre, soltanto agitava il capo ora di qua, ora di là.

— Все бей! — закричал староста.

– Battetelo tutti! – gridò lo stàrosta.

И все стали бить. Иван Миронов молча упал и закричал:

E tutti si misero a batterlo. Ivàn Miròn̄ov, sempre in silenzio, cadde e cominciò a gridare:

— Варвары, черти, бейте насмерть. Не боюсь вас.

– Barbari, diavoli, battetemi a morte. Non ho paura di voi.

Тогда Степан схватил камень из заготовленной сажени и разбил Ивану Миронову голову.

Allora Stjepàn prese una pietra da un mucchio che era lì pronto e colpì Ivàn Miròmov alla testa.

XV

XV

Убийц Ивана Миронова судили. В числе этих убийц был Степан Пелагеюшкин. Его обвинили строже других, потому что все показали, что он камнем разбил голову Ивана Миронова. Степан на суде ничего не таил, объяснил, что, когда у него увели последнюю пару лошадей, он заявил в стану, и следы по цыганам найти можно было, да становой его и на глаза не принял и не искал вовсе.

Gli uccisori d'Ivàn Miròmov furono giudicati. Fra questi uccisori c'era Stjepàn Pelaghèjuskin. L'imputazione era più grave per lui che per gli altri perché tutti deposero che egli aveva spaccato la testa a Ivàn Miròmov con una pietra. Stjepàn in giudizio non tacque nulla, spiegò che, quando gli avevano rubato gli ultimi due cavalli, era andato al commissariato a far querela e che allora sarebbe stato possibile ritrovar le tracce degli zingari, ma il commissario non l'aveva ammesso alla sua presenza e non aveva fatto fare ricerche.

— Что ж нам с таким делать? Разорил нас.

– E che si poteva fare con un uomo simile? Ci ha rovinati.

— Почему ж другие не били, а вы? — сказал обвинитель.

– Perché gli altri non lo battevano e voi sì? – disse il pubblico accusatore.

— Неправда, все били, мир порешил убить, А я только прикончил. Что ж понапрасну мучить.

– Non è vero: tutti lo battevano, tutta la comunità aveva deciso di ucciderlo. Io soltanto l'ho finito. Perché tormentarlo inutilmente?

Судей поразило в Степане выражение совершенного спокойствия, с которым он рассказывал про свой поступок и про то, как били Ивана Миронова и как он прикончил его.

Il giudice fu colpito dall'espressione, assolutamente tranquilla, con la quale Stjepàn raccontava la sua azione, e come avevano battuto Ivàn Miròmov, e come lui lo aveva finito.

Степан действительно не видел ничего страшного в этом убийстве.

Stjepàn, difatti, non vedeva nulla di terribile in quella uccisione. Al servizio

Ему на службе пришлось расстреливать солдата, и, как тогда, так и при убийстве Ивана Миронова, он не видал ничего страшного. Убили так убили. Нынче его, завтра меня.

militare gli era toccato fucilare un soldato e, come già allora, anche al momento dell'uccisione d'Ivàn Mirònov non aveva visto nel fatto nulla di terribile. Se si deve ammazzare, si ammazza. Oggi a lui, domani a me.

Степана приговорили легко, к одному году тюрьмы. Одежу мужицкую с него сняли, положили под номером в цейхгауз, а на него надели арестантский халат и коты.

Stjepàn ebbe una leggera condanna: un anno di carcere. Gli tolsero il suo vestito da contadino, gli assegnarono un numero nel deposito e gli fecero vestire la casacca e calzare gli zoccoli del carcerato.

Степан никогда не имел уважения к начальству, но теперь он вполне убедился, что всё начальство, все господа, все, кроме царя, который один жалел народ и был справедлив, все были разбойники, сосущие кровь из народа. Рассказы ссыльных и каторжных, с которыми он сошелся в тюрьме, подтверждали такой взгляд. Один ссылался в каторгу за то, что обличал начальство в воровстве, другой — за то, что ударил начальника, когда стал занапрасно описывать крестьянское имущество, третий — за то, что подделал ассигнации. Господа, купцы, что ни делали, все им сходило с рук, а мужика-бедняка за все про все посылали в остроги вшей кормить.

Stjepàn non aveva mai avuto rispetto per l'autorità, ma ora era pienamente convinto che tutte le autorità, tutti i signori, tutti, eccetto lo zar che solo aveva pietà del popolo ed era giusto, tutti erano briganti che succhiavano il sangue del popolo. I racconti dei deportati e dei forzati coi quali si legò in carcere confermarono una tale persuasione. Uno era stato mandato ai lavori forzati perché aveva denunziato un superiore per concussione; un altro per aver percosso un capo che ingiustamente aveva confiscato le terre dei contadini; un terzo perché aveva falsificato delle banconote. I signori, i mercanti potevano fare tutto ciò che volevano, ma un povero contadino per un'inezia lo mandavano a nutrire i pidocchi in galera.

В остроге посещала его жена. Без него ей и так плохо было, а тут еще сгорела и совсем разорилась, стала с детьми побираться. Бедствия жены еще больше озлобили Степана. Он и в остроге был зол со всеми и раз чуть не зарубил топором кашевара, за что ему был прибавлен год. В этот год он узнал, что жена его померла и

La moglie venne a fargli visita in carcere. Senza di lui le cose andavano abbastanza male, e per di più ci fu un incendio che distrusse la casa e dovette andare a chiedere l'elemosina coi suoi bambini. Le disgrazie della moglie esasperarono sempre più Stjepàn. In carcere era cattivo con tutti e una volta per poco non ammazzò il cuoco con una scure, e perciò gli fu aumentata di un anno la

что дома его нет больше...

pena. In quell'anno seppe che la moglie era morta e che la sua casa non esisteva più...

Когда Степану вышел срок, его позвали в цейхгауз, достали с полочки его одежу, в которой он пришел, и дали ему.

Quando Stjepàn ebbe terminato la sua pena, lo chiamarono al deposito, tolsero da uno scaffale il vestito col quale era entrato in carcere e glielo diedero.

— Куда же я пойду теперь? — сказал он, одеваясь, каптенармусу.

– E ora dove andrò? – disse, vestendosi, al sorvegliante.

— Известно, домой.

– A casa, si capisce.

— Дома нет. Должно, на дорогу идти надо. Людей грабить.

– Non ho più una casa. Bisognerà che me ne vada per le strada a svaligiare i passanti.

— А будешь грабить, опять к нам попадешь.

– Se li svaligerai, tornerai qui da noi.

— Ну, это как придется.

– Sarà quel che sarà.

И Степан ушел. Направился он все-таки к дому. Больше идти некуда было.

E Stjepàn se ne andò. Si diresse lo stesso a casa. Non aveva più dove andare.

Не доходя до дома, зашел он ночевать в знакомый постоялый двор с кабаком.

Prima di giungere a casa, entrò in una locanda, dove c'era anche una bettola, per passarvi la notte.

Двор держал толстый владимирский мещанин. Он знал Степана. И знал, что попал он в острог по несчастью. И оставил Степана у себя ночевать.

La bettola era tenuta da un grosso borghese di Vladìmir. Egli conosceva Stjepàn. Sapeva che era finito in carcere per disgrazia. E permise che Stjepàn passasse la notte in casa sua.

Мещанин этот богатый отбил у соседнего мужика жену и жил с ней, как с работницей и женой.

Questo locandiere, ricco, aveva rapito la moglie di un contadino del luogo e viveva con lei, tenendola come serva e come moglie.

Степан знал все это дело — как обидел мещанин мужика, как эта скверная бабенка ушла от мужа и теперь разъелась и потная сидела за чаем и из милости угостила чаем и Степана. Проезжих никого не было. Степана оставили ночевать на кухне. Матрена убрала все и ушла в горницу. Степан лег на

Stjepàn conosceva tutta questa faccenda: come questo borghese aveva offeso il contadino, come quella donna svergognata aveva abbandonato il marito, e ora se ne stava seduta comodamente, tutta accaldata, alla tavola del tè e per grazia offriva del tè anche a Stjepàn. Non c'era nessun viaggiatore. La donna lasciò che Stjepàn passasse la notte nella cucina.

печке, но спать не мог и все трещал по лучинам, которые сохли на печке. Не выходило у него из головы толстое брюхо мещанина, торчавшее из-под пояска ситцевой мытой-перемытой, слинявшей рубахи. Все ему в голову приходило ножом полоснуть это брюхо, сальник выпустить. И бабенке тоже. То он говорил себе: «Ну, черт с ними, уйду завтра», то вспоминал Ивана Миронова и опять думал о брюхе мещанина и белой, потной глотке Матрены. Уж убить, так обоих. Пропел второй петух. Делать, так теперь, а то рассвенет. Нож он приметил с вечера и топор. Он сполз с печи, взял топор и нож и вышел из кухни. Как раз он вышел, и за дверью щелкнула щеколда. Мещанин вышел в двери. Он сделал не так, как хотел. Ножом не пришлось, а он взмахнул топором и рассек голову. Мещанин повалился на притолку и наземь.

Matrjòna mise tutto a posto e se ne andò in camera sua. Stjepàn si sdraiò sulla stufa, ma non poteva dormire e faceva scricchiolare i trucioli messi ad asciugare sulla stufa. Non si poteva levar dalla mente il grasso ventre dell'albergatore, ballonzolante sotto la cintura che gli reggeva la camicia di cotone sbiadita, lavata e rilavata. Gli tornava sempre in testa il pensiero di forare con un coltello quel ventre e farne uscire il grasso. E lo stesso fare alla donna. Ora diceva a se stesso: il diavolo se li porti! me ne andrò domani; ora si ricordava d'Ivàn Mirònov e di nuovo pensava al ventre dell'albergatore, e alla gola bianca e sudata di Matrjòna. Se si deve ammazzare, tanto vale ammazzarli tutti e due. Si sentì cantare un gallo per la seconda volta. Bisognava farlo ora, se no, spuntava l'alba. La sera innanzi aveva adocchiato un coltello e una scure. Scese dalla stufa, prese la scure e il coltello e uscì dalla cucina. Mentre usciva, dietro alla porta si sentì lo scattare del paletto. Il proprietario comparve sull'uscio. Stjepàn non fece come aveva deciso: non poté usare il coltello, ma brandì la scure e colpì alla testa. L'albergatore si abbatté contro lo stipite della porta, poi cadde a terra.

Степан вошел в горницу. Матрена вскочила и в одной рубахе стояла у кровати. Степан тем же топором убил и ее.

Stjepàn entrò nella camera. Matrjòna fece un salto e, soltanto in camicia, restò ritta accanto al letto. Stjepàn, con la stessa scure, uccise anche lei.

Потом зажег свечу, вынул деньги из конторки и ушел.

Poi accese una candela, prese i denari dal banco e se ne andò...

XVI

В уездном городе в отдалении от других строений жил в своем доме старик, бывший чиновник, пьяница, с двумя дочерьми и зятем. Замужняя дочь тоже пила и вела дурную жизнь, старшая же, вдова Мария Семеновна, сморщенная, худая, пятидесятилетняя женщина, одна только содержала всех: у ней была пенсия в двести пятьдесят рублей. На эти деньги кормилась вся семья. Работала же в доме только одна Мария Семеновна. Она ходила за слабым, пьяным стариком отцом и за ребенком сестры, и готовила и стирала. И, как это всегда бывает, на нее же наваливали все дела, какие нужны были, и ее же все трое и ругали и даже бил зять в пьяном виде. Она все переносила молча и с кротостью, и, тоже как всегда бывает, чем больше у ней было дела, тем больше она успевала делать. Она и бедным помогала, отрезывая от себя, отдавая свои одежды, и помогала ходить за больными.

Работал раз у Марии Семеновны хромой, безногий портной деревенский. Перешивал он поддевку старику и покрывал сукном полушубок для Марии Семеновны — зимой на базар ходить.

XVI

Nella città capoluogo del distretto, lontano dalle altre abitazioni, viveva nella sua casa un vecchio, impiegato in riposo, ubriacone, con le due figlie e il genero. La figlia maritata beveva e conduceva una cattiva vita; la maggiore invece, Màrja Semjònovna, vedova, donna di cinquant'anni, magra, piena di rughe, manteneva tutti da sola: aveva una pensione di duecentocinquanta rubli. Su questo denaro viveva tutta la famiglia. Màrja Semjònovna era in casa la sola che lavorasse. Aveva cura del vecchio, debole padre ubriacone e del bambino della sorella, cucinava e lavava. E come accade sempre, tutte le faccende ricadevano su di lei, e tutti e tre l'ingiuriavano, e il cognato, quand'era ubriaco, la batteva perfino. Lei sopportava tutto in silenzio e con mansuetudine e, come sempre succede, più aveva da fare e più trovava tempo per riuscire in ogni cosa. Soccorreva i poveri, privandosi lei, dava via i suoi vestiti e aiutava ad assistere gli infermi.

Una volta il sarto del villaggio, zoppo e paralitico, venne a lavorare da Màrja Semjònovna. Doveva rivoltare un giubbetto per il vecchio e ricoprire di panno una mezza pelliccia che Màrja Semjònovna metteva d'inverno per andare al mercato.

Хромой портной был человек умный и наблюдательный, по своей должности много видавший разных людей и, вследствие своей хромоты, всегда сидевший и потому расположенный думать. Прожив у Марии Семеновны неделю, не мог надивиться на ее жизнь. Один раз она пришла к нему в кухню, где он шил, застирать полотенцы и разговорилась с ним об его житье, как брат его обижал и как он отделился от него.

Questo sarto zoppo era un uomo intelligente e osservatore, grazie al suo mestiere aveva conosciuto molta gente e a cagione del suo difetto stava sempre seduto e perciò era portato alla meditazione. Essendo stato una settimana in casa di Màrja Semjònova, fu assai edificato della sua vita. Una volta essa venne in cucina, dove il sarto stava a cucire, per lavare degli asciugamani e si mise a discorrere con lui sul come egli viveva, e seppe che il fratello lo maltrattava e che lui se n'era separato.

— Думал — лучше будет, а все то же, нужда.

– Pensavo che sarebbe stato meglio, e invece è sempre la stessa miseria.

— Лучше не менять, а как живешь, так и живи, — сказала Мария Семеновна.

– È meglio non cambiare, e seguitare a vivere come si viveva, – disse Màrja Semjònovna.

— Да я и то на тебя, Мария Семеновна, дивлюсь, как ты все одна да одна во все концы на людей хлопочешь. А от них добра, я вижу, мало.

– Ma io mi meraviglio di te, Màrja Semjònovna, che sei sempre sola a far tutto e ti occupi sempre degli altri. E vedo che da loro vieni ben poco ripagata.

Мария Семеновна ничего не сказала.

Màrja Semjònovna non disse nulla.

— Должно, ты по книгам дошла, что награда за это будет на том свете.

– Si vede che tu hai letto nei libri che ci sarà una ricompensa nell'altro mondo.

— Про это нам неизвестно, — сказала Мария Семеновна, — а только жить так лучше.

– Di questo non sappiamo nulla, – disse Màrja Semjònovna, – ma è meglio vivere così.

— А в книгах это есть?

– E questo c'è nei libri?

— И в книгах есть, — сказала она и прочла ему нагорную проповедь из Евангелия. Портной задумался, И когда рассчитался и пошел к себе, все думал о том, что видел у Марии Семеновны и что она сказала и прочла ему.

– Sì, c'è anche nei libri, – disse lei, e gli lesse il discorso della montagna nel Vangelo. Il sarto si mise a riflettere. E quando ebbero fatto i conti e lui se ne andò a casa sua, pensava continuamente a ciò che aveva visto a casa di Màrja Semjònovna e a ciò che essa gli aveva detto e letto.

XVII

Петр Николаич изменился к народу, и народ изменился к нему. Не прошло и года, как они срубили двадцать семь дубов и сожгли незастрахованную ригу и гумно. Петр Николаич решил, что жить с здешним народом нельзя.

В это же время Ливенцовы искали управляющего на свои именья, и предводитель рекомендовал Петра Николаича, как лучшего хозяина в уезде. Именья ливенцовские, огромные, не давали ничего дохода, и крестьяне пользовались всем. Петр Николаич взялся привести всё в порядок и, отдав свое имение в аренду, переехал с женой в дальнюю поволжскую губернию.

Петр Николаич и всегда любил порядок и законность, а теперь тем более не мог допустить того, чтобы этот дикий, грубый народ мог бы, противно закону, завладеть не принадлежащей им собственностью. Он был рад случаю поучить их и строго взялся за дело. Одного крестьянина он за покражу леса засудил в острог, другого собственноручно избил за то, что тот не свернул с дороги и не снял шапку. О лугах, про которые шел спор и крестьяне считали

XVII

Pjotr Nikolàjevic aveva mutato contegno verso il popolo, e il popolo aveva mutato contegno verso di lui. Non era passato un anno e gli avevano tagliato ventisette querce e bruciato un granaio non assicurato e un deposito. Pjotr Nikolàjevic decise che non era più possibile vivere con quella gente.

In quello stesso tempo i Liventsovy cercavano un amministratore per le loro proprietà, e il maresciallo della nobiltà raccomandò loro Pjotr Nikolàjevic come il miglior agricoltore del distretto. La tenuta dei Liventsovy era enorme, ma non dava reddito e i contadini si approfittavano di ogni cosa. Pjotr Nikolàjevic s'incaricò di mettere ordine dappertutto e, data in affitto la sua proprietà, si trasferì con la moglie in quella lontana provincia del Volga.

Pjotr Nikolàjevic aveva sempre amato l'ordine e la legalità, e ancor di più ora non poteva ammettere che quella gente selvaggia, rozza si impadronisse, a dispetto della legge, di ciò che non le apparteneva. Era contento di quell'occasione di poter dar loro una lezione e si mise all'opera con energia. Fece mettere in carcere un contadino per furto di legna nel bosco, bastonò un altro perché non si era fatto da parte sulla strada e non s'era tolto il berretto. In quanto poi ai prati, per i quali c'era controversia e che i contadini dicevano spettare a loro, Pjotr

своими, Петр Николаич объявил крестьянам, что если они выпустят на них скотину, то он заарестует ее.

Пришла весна, и крестьяне, как они делали это в прежние года, выпустили скотину на барские луга. Петр Николаич собрал всех работников и велел загнать скотину на барский двор. Мужики были на пахоте, и потому работники, несмотря на крики баб, загнали скотину. Вернувшись с работы, мужики, собравшись, пришли на барский двор требовать скотину. Петр Николаич вышел к ним с ружьем за плечами (он только что вернулся с объезда) и объявил им, что скотину он отдаст не иначе, как по уплате пятидесяти копеек с рогатой и десяти с овцы. Мужики стали кричать, что луга ихние, что их и отцы и деды ими владели и что нет таких нравов забирать чужую скотину.

— Отдай скотину, не то худо будет, — сказал один старик, наступая на Петра Николаича.

— Что худо будет? — весь бледный, подступая к старику, закричал Петр Николаич.

— От греха отдай. Шаромыжник.

— Что? — крикнул Петр Николаич и ударил в лицо старика.

— Ты драться не смеешь. Ребята, бери силом скотину. Толпа надвинулась. Петр Николаич хотел уйти, но его не пускали. Он стал пробиваться. Ружье выстрелило и убило одного из крестьян.

Nikolàjevic dichiarò ai contadini che, se essi ci lasciavano andare il loro bestiame, egli l'avrebbe confiscato.

Venne la primavera, e i contadini, come facevano negli anni precedenti, mandarono il loro bestiame nei prati del padrone. Pjotr Nikolàjevic riunì tutti i suoi lavoratori e ordinò loro di spingere tutto il bestiame nel cortile della casa padronale. I contadini erano nei campi, e i lavoratori, nonostante le grida delle donne, s'impadronirono delle bestie. Tornati dal lavoro, i contadini si riunirono e andarono nel cortile del padrone, pretendendo di riavere il bestiame. Pjotr Nikolàjevic andò da loro col fucile in spalla (tornava allora da un giro d'ispezione) e dichiarò che non avrebbe reso il bestiame se non pagavano cinquanta copeche per capo per le bestie vaccine e dieci per le pecore. I contadini si misero a gridare che i prati erano di proprietà loro, che i loro padri e i loro nonni ne avevano sempre avuto il possesso e che nessuna legge ammetteva la confisca del bestiame altrui.

– Dacci il bestiame, se no te ne pentirai, – disse un vecchio, avanzando verso Pjotr Nikolàjevic.

– Come me ne pentirò? – gridò Pjotr Nikolàjevic, facendosi avanti a sua volta, tutto pallido, verso il vecchio.

– Daccelo, mangiaufo, non provocarci.

– Che dici? – gridò Pjotr Nikolàjevic, e colpì il vecchio al viso.

– Guardati bene dall'alzar le mani! Ragazzi, prendiamo il bestiame con la forza. – La folla si fece avanti. Pjotr Nikolàjevic se ne voleva andare, ma glielo impedirono. Volle aprirsi un varco. Il suo fucile scattò e uccise un contadino. Ne

Сделалась крутая свалка. Петра Николаича смяли. И через пять минут изуродованное тело его стащили в овраг.

Над убийцами назначили военный суд, и двоих приговорили к повешению.

venne un tremendo parapiglia. Pjotr Nikolàjevic fu calpestato. E dopo cinque minuti il suo corpo straziato fu trascinato nel burrone.

Gli uccisori furono giudicati dal tribunale militare e due furon condannati all'impiccagione.

XVIII

XVIII

В селе, из которого был портной, пять богатых крестьян снимали у помещика за тысячу сто рублей сто пять десятин пахотной, черной, как деготь, жирной земли и раздавали ее мужичкам же, кому по восемнадцати, кому по пятнадцати рублей. Ни одна земля не шла ниже двенадцати. Так что барыш был хороший. Сами покупщики брали себе по пяти десятин, и земля эта приходилась им даром. Умер у этих мужиков товарищ, и предложили они хромому портному идти к ним в товарищи.

Когда стали наемщики делить землю, портной не стал пить водку, и, когда речь зашла о том, кому сколько земли дать, портной сказал, что обложить всех надо поровну, что не надо брать лишнего с наемщиков, а сколько придется.

— Как так?

— Да али мы нехристи. Ведь это

Nel villaggio dove viveva il sarto, cinque ricchi contadini avevano affittato da un proprietario per mille e cento rubli centocinque desiatine di una terra fertile, nera come il catrame, grassa, e l'avevano distribuita ai contadini a chi per diciotto rubli la desiatina, a chi per quindici. Nessun lotto era a meno di dodici rubli la desiatina. Sicché il guadagno era buono. Per loro gli affittuari s'eran serbate cinque desiatine, e questa terra veniva loro gratis. Uno di questi soci morì e gli altri offrirono al sarto zoppo di diventare loro socio.

Quando gli affittuari cominciarono a dividere la terra, il sarto non si mise a bere la vodka con gli altri, e quando si venne a parlare di quanta terra si dovesse dare a ciascuno, il sarto disse che bisognava tassare tutti egualmente e non prendere dai subaffittuari nulla di troppo, ma solo il giusto.

– Come sarebbe a dire?

– Ma non siamo noi cristiani? Questo

хорошо господам, а мы хрестьяне. По-божьему надо. Такой закон Христов.

lo possono fare i signori, ma noi siamo cristiani. Bisogna fare secondo la volontà di Dio: questa è la legge di Cristo.

— Где же закон такой?

– Dove sta questa legge?

— А в книге, в Евангелии. Вот приходи воскресенье, я почитаю и потолкуем.

– Nel libro. Nel Vangelo. Venite domenica, io ve la leggerò e discorreremo.

И [в] воскресенье пришли не все, но трое к портному, и стал он им читать.

La domenica non andarono tutti dal sarto, ma soltanto in tre ed egli si mise a legger per loro.

Прочел пять глав Матвея, стали толковать. Все слушали, но принял только один Иван Чуев. И так принял, что стал во всем жить по-божьему. И в семье его так жить стали. От земли лишней отказался, только свою долю взял.

Lesse cinque capitoli di Matteo, e poi si misero a discorrere. Tutti avevano ascoltato, ma uno soltanto, Ivàn Cjùjev, aveva compreso il senso della lettura. E l'aveva talmente assimilato che si mise a vivere secondo la volontà di Dio. E nella sua famiglia tutti si misero a vivere così. Egli rinunciò a tutta la terra superflua e prese soltanto la sua parte.

И стали к портному и к Ивану ходить, и стали понимать, и поняли, и бросили курить, пить, ругаться скверными словами, стали друг другу помогать. И перестали ходить в церковь и снесли попу иконы. И стало таких дворов семнадцать. Всех шестьдесят пять душ. И испугался священник и донес архиерею. Архиерей подумал, как быть, и решил послать в село архимандрита Мисаила, бывшего законоучителем в гимназии.

E molti cominciarono ad andare dal sarto e da Ivàn, e cominciarono a capire, e capirono tanto che smisero di fumare, di bere, di dir parolacce, e cominciarono ad aiutarsi l'un l'altro. E smisero di andare in chiesa e portarono le immagini al pop. E così fecero diciassette famiglie, sessantacinque anime in tutto. Il prete si spaventò e lo riferì al vescovo. Il vescovo pensò al da farsi e decise di mandare in quel villaggio l'archimandrita Misaìl, già maestro di religione al ginnasio.

XIX

Архиерей посадил Мисаила с собой и стал говорить о том, какие новости проявились в его епархии.

— Все от слабости духовной и от невежества. Ты человек ученый. Я на тебя надеюсь. Поезжай, созови и при народе разъясни.

— Если владыка благословит, буду стараться, — сказал отец Мисаил. Он был рад этому поручению. Все, где он мог показать, что он верит, радовало его. А обращая других, он сильнее всего убеждал себя, что он верит.

— Постарайся, очень я страдаю за свою паству, — сказал архиерей, неторопливо принимая белыми, пухлыми руками стакан чая, который подавал ему служка.

— Что ж одно варенье, принеси другого, — обратился он к служке. — Очень, очень мне больно, — продолжая он речь к Мисаилу.

Мисаил был рад себя заявить. Но, как человек небогатый, попросил денег на расходы поездки и, опасаясь противодействия грубого народа, попросил еще распоряжения губернатора о том, чтобы местная полиция в случае надобности оказывала ему

XIX

Il vescovo fece sedere Misaìl accanto a sé e cominciò a parlargli delle novità che c'erano nella sua diocesi.

– Tutto ciò proviene dalla debolezza spirituale e dall'ignoranza. Tu sei un uomo dotto, io confido in te. Va, chiamali e spiega tutto davanti al popolo.

– Se Monsignore mi dà la sua benedizione, io farò tutto il possibile, – disse padre Misaìl. Egli era contento di questa missione. Tutto ciò che poteva dimostrare che egli credeva lo rallegrava. E convertendo gli altri, egli, più fortemente che in qualunque altro modo, si persuadeva di credere.

– Fa di tutto; io soffro molto per il mio gregge, – disse il vescovo, prendendo lentamente con le sue mani bianche e grassotte il bicchiere di tè che gli porgeva un servitore.

– Perché una sola specie di confetture? Portane un'altra, – si rivolse egli al servitore. – Mi è molto, molto doloroso, – seguitò poi il discorso con Misaìl.

Misaìl era contento di mostrare il suo zelo. Ma, non essendo ricco, chiese il denaro per le spese di viaggio e, temendo l'opposizione brutale del popolo, chiese anche un'ordinanza del governatore perché fosse messa a sua disposizione la polizia locale, in caso di bisogno.

содействие.

Архиерей все устроил ему, и Мисаил, собравши с помощью своего служки и кухарки погребец и провизию, которою нужно было запастись, отправляясь в глухое место, поехал к месту назначения. Отправляясь в эту командировку, Мисаил испытывал приятное чувство сознания важности своего служения и притом прекращения всяких сомнений в своей вере, а напротив, совершенную уверенность в истинности ее.

Il vescovo gli procurò tutto, e Misaìl, avendo preparato con l'aiuto del suo servitore e della cuoca la valigia e le provviste che occorrevano andando in un luogo così remoto, partì per la sua destinazione. Avviandosi a quella missione, Misaìl sentiva con piacere quanto fosse importante il suo ufficio, e nello stesso tempo come ogni dubbio intorno alla sua fede fosse sparito, ed era anzi assolutamente persuaso che essa era vera.

Мысли его были направлены не на сущность веры, — она признавалась аксиомой, — а на опровержение тех возражений, которые делались по отношению ее внешних форм.

I suoi pensieri erano diretti non alla sostanza della fede, – egli la riteneva un assioma, – ma a confutare le obiezioni che si potevano fare alle sue forme esteriori.

XX

XX

Священник села и попадья приняли Мисаила с большим почетом и на другой день его приезда собрали народ в церкви. Мисаил в новой шелковой рясе, с крестом наперсным и расчесанными волосами, вошел на амвон, рядом с ним стал священник, поодаль дьячки, певчие, а у боковых дверей полицейские. Пришли и сектанты — в засаленных, корявых полушубках.

Il prete del villaggio e la moglie ricevettero Misaìl con molti onori e il giorno che seguì quello del suo arrivo riunirono il popolo in chiesa. Misaìl, in una nuova veste di seta, con la croce pettorale, i capelli ben pettinati, salì sull'ambone con accanto a sé il prete e un po' più là i suddiaconi, i cantori, e ai lati della porta alcuni agenti di polizia. Vennero anche i settari, in pellicce corte, unte e bisunte.

После молебна Мисаил прочел

Dopo il Te Deum, Misaìl recitò un

проповедь, увещевая отпадших вернуться в лоно матери церкви, угрожая муками ада и обещая полное прощение покаявшимся.

sermone, nel quale esortava i dissidenti a tornare nel seno della madre chiesa, minacciando i tormenti dell'inferno e promettendo un perdono completo ai pentiti.

Сектанты молчали. Когда их стали спрашивать, они отвечали.

I settari tacevano. Quando si cominciò a interrogarli risposero.

На вопрос о том, почему они отпали, они отвечали, что в церкви почитают деревянных и рукотворенных богов и что в писании не только не показано это, но в пророчествах показано обратное. Когда Мисаил спросил Чуева, правда ли то, что они святые иконы называют досками, Чуев отвечал: «Да ты переверни, какую хочешь, икону, сам увидишь». Когда их спросили, почему они не признают священство, они отвечали, что в писании сказано: «Даром получили, даром и давайте», а попы только за деньги свою благодать раздают. На все попытки Мисаила опереться на Священное писание портной и Иван спокойно, но твердо возражали, указывая на писание, которое они твердо знали. Мисаил рассердился, пригрозил властью мирской. На это сектанты сказали, что сказано: «Меня гнали — и вас будут гнать».

Alla domanda: perché si erano separati, risposero che ciò era accaduto principalmente perché nella chiesa si onorano dei di legno, fatti con le mani, e che nella Scrittura non soltanto ciò non è indicato, ma nelle Profezie è detto il contrario. Quando Misail domandò a Cjùjev se era vero che chiamassero le sante icone delle tavole, Cjùjev rispose: "Rivolta una qualsiasi icona e lo vedrai tu stesso". Quando fu domandato loro perché non riconoscessero i preti, risposero che nella Scrittura è detto: "Avete ricevuto gratuitamente, date gratuitamente", e i preti danno soltanto per denaro le loro benedizioni. A tutti i tentativi di Misaìl di appoggiarsi alla Santa Scrittura, il sarto e Ivàn tranquillamente, ma con fermezza rispondevano adducendo a prova la Scrittura, che essi conoscevano a fondo. Misaìl si adirò e minacciò di appellarsi al potere laico. A questo i settari risposero che sta scritto: "Mi avete perseguitato e sarete perseguitati".

Кончилось ничем, и все бы прошло хорошо, но на другой день у обедни Мисаил сказал проповедь о зловредности совратителей, о том, что они достойны всякой кары, и в народе, выходившем из церкви, стали поговаривать о том, что стоило бы проучить безбожников, чтобы они не смущали народ. И в этот день, в то время как Мисаил

La cosa finì nel nulla e tutto sarebbe andato bene se il giorno seguente, alla messa, Misaìl non avesse pronunciato un sermone sulla perniciosità degli istigatori, dicendo che essi erano degni di qualsiasi pena; e fra il popolo che usciva dalla chiesa si cominciò a dire che bisognava dare una lezione a questi miscredenti perché non sobillassero la gente. E quel giorno stesso, mentre Misaìl faceva uno spuntino con

закусывал семгой и сигом с благочинным и приехавшим из города инспектором, в селе сделалась свалка. Православные столпились у избы Чуева и ожидали их выхода, чтобы избить их. Сектантов было человек двадцать мужчин и женщин. Проповедь Мисаила и теперь сборище православных и их угрожающие речи вызвали в сектантах злое чувство, которого не было прежде. Завечерело, пора было бабам коров доить, а православные все стояли и ждали и вышедшего было малого побили и загнали опять в избу. Толковали, что делать, и не соглашались.

salmone e trote, in compagnia dei Reverendo e di un ispettore venuto dalla città, nel villaggio ci fu un tumulto. Gli ortodossi si affollarono presso l'izba di Cjùjev e aspettarono l'uscita dei dissidenti per bastonarli. C'erano venti settari, fra uomini e donne. Il sermone di Misaìl e ora quell'assembramento di ortodossi e i loro discorsi minacciosi suscitarono nei settari sentimenti d'ira che prima non c'erano. Venne la sera, era l'ora in cui le donne dovevano andare a mungere le vacche, e gli ortodossi stavano sempre lì ad aspettare, e quando uscì un ragazzo, lo percossero e lo ricacciarono nell'izba. Dentro, discutevano il da farsi e non venivano a un accordo.

Портной говорил: терпеть надо и не обороняться. Чуев же говорил, что если так терпеть, они всех перебьют, и, захватив кочергу, вышел на улицу. Православные бросились на него.

Il sarto diceva: "Bisogna aver pazienza e non resistere". Invece Cjùjev diceva che, se si sopportava così, sarebbero stati tutti uccisi e, preso un paio di molle per attizzare il fuoco, uscì sulla strada. Gli ortodossi si gettarono su di lui.

— Ну-ка, по закону Моисея, — крикнул он и стал бить православных и вышиб одному глаз, остальные выскочили из избы и вернулись по домам.

– Dai, secondo la legge di Mosè, – gridò, e si mise a percuotere gli ortodossi, e a uno cavò un occhio; gli altri scapparono lontano dall'izba e tornarono alle loro case.

Чуева судили и за совращение и за богохульство приговорили к ссылке.

Cjùjev fu giudicato per istigazione e sacrilegio, e fu condannato alla deportazione.

Отцу же Мисаилу дали награду и сделали архимандритом.

Padre Misaìl ebbe una ricompensa.

XXI

Два года тому назад из земли Войска Донского приехала в Петербург на курсы здоровая, восточного типа, красивая девушка Турчанинова. Девушка эта встретилась в Петербурге с студентом Тюриным, сыном земского начальника Симбирской губернии, и полюбила его, но полюбила она не обыкновенной женской любовью с желанием стать его женой и матерью его детей, а товарищеской любовью, питавшейся преимущественно одинаковым возмущением и ненавистью не только к существующему строю, но и к людям, бывшим его представителями, и сознанием своего умственного, образовательного и нравственного превосходства над ними.

Она была способна учиться и легко запоминала лекции и сдавала экзамены и, кроме того, поглощала новейшие книги в огромном количестве. Она была уверена, что и призвание ее не в том, чтобы рожать и воспитывать детей, — она даже с гадливостью и презрением смотрела на такое призвание, — а в том, чтобы разрушить существующий строй, сковывающий лучшие силы

XXI

Due anni prima, era venuta a Pietroburgo a studiare dalle terre dell'Esercito del Don, una bella fanciulla, sana, di tipo orientale, di nome Turcjàninova. Questa fanciulla s'era incontrata a Pietroburgo con uno studente, Tjùrin, figlio di un sindaco della provincia di Simbìrsk, e l'aveva amato, ma l'aveva amato non del solito amore delle donne, col desiderio di diventare sua moglie e madre dei suoi figli, ma dell'amore di una compagna, amore nutrito principalmente da un senso di ribellione e di odio non soltanto contro lo stato di cose esistente, ma contro gli uomini che lo rappresentavano, e dalla consapevolezza della sua superiorità intellettuale, culturale e morale su di essi.

Negli studi si mostrava capace, seguiva le lezioni e dava gli esami con facilità, e oltre a ciò, divorava una enorme quantità di libri appena pubblicati. Era sicura che la sua vocazione non era di partorire e allevare bambini, – anzi guardava con disprezzo e disgusto quelle che avevano una tale vocazione, – ma di distruggere lo stato di cose esistente, che incatenava le migliori forze del popolo, e di mostrare alla gente quella nuova via della vita che a lei avevano mostrata i più

народа, и указать людям тот новый путь жизни, который ей указывался европейскими новейшими писателями. Полная, белая, румяная, красивая, с блестящими черными глазами и большой черной косой, она вызывала в мужчинах чувства, которых она не хотела, да и не могла разделять, — так она была вся поглощена своей агитационной, разговорной деятельностью. Но ей все-таки было приятно, что она вызывала эти чувства, и потому она хоть и не наряжалась, не пренебрегала своей наружностью. Ей приятно было, что она нравится, а на деле может показать, как она презирает то, что так ценится другими женщинами. В своих взглядах на средства борьбы с существующим порядком она шла дальше большинства своих товарищей и своего друга Тюрина и допускала, что в борьбе хороши и могут быть употребляемы все средства, до убийства включительно. А между тем эта самая революционерка Катя Турчанинова была в душе очень добрая и самоотверженная женщина, всегда непосредственно предпочитавшая чужую выгоду, удовольствие, благосостояние своей выгоде, удовольствию, благосостоянию и всегда истинно радовавшаяся возможности сделать кому-нибудь — ребенку, старику, животному — приятное.

recenti scrittori europei. Prosperosa, bianca e rossa, bella, con splendidi occhi neri, e una grossa treccia nera, essa risvegliava negli uomini quei sentimenti che non avrebbe voluto risvegliare e che non poteva assecondare, tanto era assorbita dalla sua attività di agitatrice e di propagandista. Per altro non le dispiaceva risvegliare quei sentimenti, e perciò, benché non si vestisse con ricercatezza, pure non trascurava la sua persona. Era felice di piacere e di poter mostrare con i fatti il suo disprezzo per ciò che tanto apprezzano le altre donne. Nella sua opinione sui mezzi di lotta contro l'ordine stabilito ella andava oltre la maggior parte dei suoi compagni e del suo amico Tjùrin e ammetteva che nella lotta tutti i mezzi sono buoni e possono essere adoperati, incluso l'omicidio. Ma nel contempo questa stessa rivoluzionaria Kàtja Turcjàninova era una donna molto buona d'animo e capace di abnegazione, che sempre anteponeva il vantaggio, il piacere, il benessere altrui al proprio, e sempre sinceramente si rallegrava della possibilità di far cosa grata a qualcuno: a un bambino, a un vecchio, a un animale.

Лето Турчанинова проводила в приволжском уездном городе, у товарки своей, сельской учительницы. В этом же уезде у отца жил и Тюрин. Все трое, вместе

La Turcjàninova passava l'estate in una città di provincia presso il Volga, in casa di una sua amica, maestra di scuola in un villaggio. Nello stesso distretto viveva, presso il padre, anche Tjùrin. Tutti

с уездным врачом, часто видались, обменивались книгами, спорили и возмущались. Именье Тюриных было рядом с тем именьем Ливенцовых, куда управляющим поступил Петр Николаич. Как скоро приехал Петр Николаич и взялся за порядки, молодой Тюрин, видя в ливенцовских крестьянах самостоятельный дух и твердое намерение отстаивать свои права, заинтересовался ими и часто ходил в село и разговаривал с крестьянами, развивая среди них теорию социализма вообще и в частности национализации земли.

e tre, insieme col medico distrettuale, si vedevano spesso, si scambiavano dei libri, discutevano e si indignavano. La proprietà dei Tjùriny confinava con quella proprietà dei Liventsovy dove Pjotr Nikolàjevic era andato ad amministrare. Appena Pjotr Nikolàjevic vi giunse e si mise a riordinarla, il giovane Tjùrin, vedendo nei contadini dei Liventsovy uno spirito d'indipendenza e la ferma intenzione di difendere i loro diritti, s'interessò di loro, e spesso andava nel villaggio a discorrere coi contadini, esponendo in mezzo a loro le teorie del socialismo in generale, e in particolare quella della nazionalizzazione delle terre.

Когда случилось убийство Петра Николаича и наехал суд, кружок революционеров уездного города имел сильный повод для возмущения судом и смело высказывал его. То, что Тюрин ходил в село и говорил с крестьянами, было выяснено в суде. У Тюрина сделали обыск, нашли несколько революционных брошюр, и студента арестовали и свезли в Петербург.

Quando avvenne l'uccisione di Pjotr Nikolàjevic e si costituì il tribunale, il gruppo dei rivoluzionari del capoluogo del distretto ebbe un forte motivo di indignazione e la manifestò arditamente. Fu riportato al tribunale che Tjùrin andava al villaggio e discorreva coi contadini. Si fece una perquisizione in casa di Tjùrin, furon trovati alcuni opuscoli rivoluzionari e lo studente fu arrestato e condotto a Pietroburgo.

Турчанинова уехала за ним и пошла в тюрьму для свидания, но ее не пустили в обыкновенный день, а допустили только в день общих свиданий, где она виделась с Тюриным через две решетки. Свидание это еще усилило ее возмущение. Довело же до крайнего предела ее возмущение ее объяснение с красавцем жандармским офицером, который, очевидно, готов был на снисхождение в случае ее принятия его предложений. Это довело ее до

La Turcjàninova lo seguì e andò a trovarlo in carcere, ma non era consentito fargli visita in un giorno qualsiasi e fu ammessa soltanto nel giorno previsto per le visite, in cui ella poteva veder Tjùrin attraverso due grate. Questa visita accrebbe maggiormente il suo sdegno. Questo sdegno poi fu spinto all'estremo limite da una conversazione che ella ebbe con un bellissimo ufficiale della gendarmeria che si mostrava pronto ad essere condiscendente qualora ella avesse accettato le sue proposte. Ciò la portò al massimo grado d'indignazione e di rabbia

последней степени негодования и злобы против всех начальствующих лиц. Она пошла к начальнику полиции жаловаться. Начальник полиции сказал ей то же, что говорил и жандарм, что они ничего не могут, что на это есть распоряжение министра. Она подала докладную записку министру, прося свидания; ей отказали. Тогда она решилась на отчаянный поступок и купила револьвер.

contro tutte le autorità. Andò dal capo della polizia. Il capo della polizia le disse la stessa cosa che le aveva detto l'ufficiale, cioè che essi non potevano far nulla, che c'era una disposizione del ministro. Ella mandò una domanda al ministro chiedendo di poter vedere Tjùrin da sola: la sua domanda fu respinta. Allora ella si decise a un atto disperato e comprò una rivoltella.

XXII

Министр принимал в свой обыкновенный час. Он обошел трех просителей, принял губернатора и подошел к черноглазой, красивой, молодой женщине в черном, стоявшей с бумагой в левой руке. Ласково-похотливый огонек загорелся в глазах министра при виде красивой просительницы, но, вспомнив свое положение, министр сделал серьезное лицо.

— Что вам угодно? — сказал он, подойдя к ней.

Она, не отвечая, быстро вынула из-под пелеринки руку с револьвером и, уставив его в грудь министра, выстрелила, но промахнулась.

Министр хотел схватить ее руку,

XXII

Il ministro riceveva alla sua ora consueta. Egli passò innanzi a tre postulanti e si diresse verso la bella giovane dagli occhi neri, vestita di nero, che stava in piedi con un documento nella mano sinistra. Una piccola fiamma fra tenerezza e lascivia brillò negli occhi del ministro alla vista della bella postulante, ma, ricordandosi la sua posizione, il ministro fece un viso serio.

– Che cosa vi occorre? – disse egli, giungendole vicino.

Senza rispondere, ella tolse rapidamente la rivoltella da sotto alla suo mantello e, puntandola al petto dei ministro, sparò, ma il colpo andò a vuoto.

Il ministro cercò di afferrarle il braccio,

она отшатнулась и выстрелила другой раз. Министр бросился бежать. Ее схватили. Она дрожала и не могла говорить. И вдруг расхохоталась истерически. Министр не был даже ранен.

ella si tirò indietro e sparò un secondo colpo. Il ministro fuggì via. Lei fu arrestata: tremava e non riusciva a parlare. E a un tratto scoppiò in una risata isterica. Il ministro non era neppure ferito.

Это была Турчанинова. Ее посадили в дом предварительного заключения. Министр же, получив поздравления и соболезнования от самых высокопоставленных лиц и даже самого государя, назначил комиссию исследования того заговора, последствием которого было это покушение.

La donna era la Turcjàninova. La misero nelle carceri di detenzione preventiva. Il ministro, avendo ricevuto i rallegramenti e insieme le condoglianze dei più alti personaggi e perfino dello stesso imperatore, nominò una commissione per fare un'inchiesta sul complotto di cui quell'attentato era conseguenza.

Заговора, разумеется, никакого не было; но чины тайной и явной полиции старательно принялись за разыскивание всех нитей несуществовавшего заговора и добросовестно заслуживали свое жалованье и содержание: вставая рано утром, в темноте, делали обыск за обыском, переписывали бумаги, книги, читали дневники, частные письма, делали из них на прекрасной бумаге прекрасным почерком экстракты и много раз допрашивали Турчанинову и делали ей очные ставки, желая выведать у нее имена ее сообщников.

Naturalmente, non c'era nessun complotto, ma i funzionari della polizia segreta e di quella palese si misero con zelo a ricercare tutte le fila di quel complotto inesistente, e coscienziosamente guadagnarono i loro stipendi e le loro gratificazioni alzandosi presto la mattina, quando era ancora buio, fecero perquisizioni su perquisizioni, catalogarono i documenti, i libri, lessero i diari, le lettere private, ne fecero degli estratti su bella carta, con una bella scrittura, e molte volte interrogarono la Turcjàninova e la misero a confronto con altri, volendo a ogni costo strapparle il nome dei suoi complici.

Министр был по душе добрый человек и очень жалел эту здоровую, красивую казачку, но он говорил себе, что на нем лежат тяжелые государственные обязанности, которые он исполняет, как они ни трудны ему. И когда его бывший товарищ, камергер, знакомый Тюриных, встретился с ним на придворном

Il ministro era un uomo di animo buono e compativa molto quella bella e sana cosacca, ma diceva a se stesso che gli incombevano dei gravi doveri di Stato che avrebbe compiuto, per quanto gli fossero gravosi. E quando un suo ex collega, un ciambellano, che conosceva i Tjùriny, s'incontrò con lui a un ballo di corte cercò di intercedere a favore di Tjùrin e della Turcjàninova, il ministro si strinse nelle

бале и стал просить его за Тюрина и Турчанинову, министр пожал плечами, так что сморщилась красная лента на белом жилете, и сказал:

— *Je ne demanderais pas mieux que de lâcher cette pauvre fillette, mais vous savez — le devoir. [*]*

[— Я очень рад был бы отпустить эту бедную девочку, но вы понимаете — долг.]*

А Турчанинова между тем сидела в доме предварительного заключения и иногда спокойно перестукивалась с товарищами и читала книги, которые ей давали, иногда же вдруг впадала в отчаяние и бешенство, билась о стены, визжала и хохотала.

spalle, tanto che la fascia rossa gli si increspò sul panciotto bianco, e disse:

– Je ne demanderais pas mieux que de lâcher cette pauvre fillette, mais vous savez, le devoir. [*]

[- Non chiederei di meglio che rilasciare questa povera ragazza, ma si sa, il dovere]*

E intanto la Turcjàninova rimaneva nelle carceri di detenzione preventiva, a volte intrattenendosi tranquillamente con gli altri carcerati battendo dei colpi sul muro e leggendo i libri che le davano, altre volte cedendo improvvisamente a una furibonda disperazione, picchiando la testa contro il muro, urlando o ridendo.

XXIII

Получила раз Мария Семеновна в казначействе свою пенсию и, возвращаясь назад, встретила знакомого учителя.

— Что, Мария Семеновна, казну получили? — прокричал он ей с другой стороны улицы.

— Получила, — ответила Мария Семеновна, — только дыры заткнуть.

— Ну, денег много, и дыры заткнете, останется, — сказал учитель и, прощаясь, прошел.

XXIII

Un giorno Màrja Semjònovna riscosse alla tesoreria la sua pensione e, mentre tornava indietro, incontrò un maestro di sua conoscenza.

– Dunque, Màrja Semjònovna, avete avuto il vostro denaro? – le gridò egli dall'altra parte della strada.

– L'ho avuto, – rispose Màrja Semjònovna, – ma appena da tappare i buchi.

– Eh! Avete molti denari, tapperete i buchi e ne avanzerà, – disse il maestro e, salutandola, passò oltre.

— Прощайте, — сказала Мария Семеновна и, глядя на учителя, совсем столкнулась с высоким человеком с очень длинными руками и строгим лицом.

– Arrivederci, – disse Màrja Semjònovna, e nel guardare il maestro, si scontrò con un uomo di alta statura, con lunghissime braccia e un viso arcigno.

Но, подходя к дому, она удивилась, увидав опять этого же длиннорукого человека. Увидав, как она вошла в дом, он постоял, повернулся и ушел.

Ma, avvicinandosi a casa, fu sorpresa notando di nuovo quell'uomo dalle lunghe braccia. Vedendo che ella entrava in casa, egli stette un poco fermo, poi si voltò e si allontanò.

Марии Семеновне стало сначала жутко, потом грустно. Но когда она вошла в дом и раздала гостинцы и старику и маленькому золотушному племяннику Феде и приласкала визжавшую от радости Трезорку, ей опять стало хорошо, и она, отдав деньги отцу, взялась за работу, которая никогда не переводилась у ней.

Màrja Semjònovna provò dapprima un senso di malessere, poi di tristezza. Ma quando fu entrata in casa ed ebbe distribuito i piccoli regali che portava al vecchio e al piccolo nipote scrofoloso Fèdja, e carezzato il cane Trezòrka, che abbaiava di gioia, si sentì di nuovo bene e, avendo dato il denaro al padre, si rimise al lavoro, che non le mancava mai.

Человек, с которым она столкнулась, был Степан.

L'uomo col quale s'era scontrata era Stjepàn.

Из постоялого двора, где Степан убил дворника, он не пошел в город. И удивительное дело, воспоминание об убийстве дворника не только не было ему неприятно, но он по нескольку раз в день вспоминал его. Ему было приятно думать, что он может сделать это так чисто и ловко, что никто не узнает и не помешает это делать и дальше и над другими. Сидя в трактире за чаем и водкой, он приглядывался к людям все с той же стороны: как можно убить их. Ночевать он зашел к земляку, ломовому извозчику. Извозчика дома не было. Он сказал, что подождет, и сидел, разговаривая с бабой. Потом, когда она повернулась к печи, ему пришло в

Dalla locanda, dove aveva ucciso il padrone, Stjepàn non era andato in città. E, cosa strana, il ricordo di quell'uccisione non soltanto non gli era penoso, ma ci pensava più volte al giorno. Gli piaceva pensare di aver potuto fare il colpo con tanta accortezza, e che nessuno l'avesse saputo né potesse impedirgli di rifar lo stesso su altre persone. Seduto all'osteria a prendere il tè e la vodka, osservava la gente sempre allo stesso modo: come fare per ucciderla? Andò a passar la notte da un carrettiere suo conterraneo. Il carrettiere non era in casa. Lui disse che l'avrebbe aspettato e si mise a sedere, discorrendo con la moglie. Poi, quando lei si voltò verso la stufa, gli venne in mente di ucciderla. Era sorpreso della sua stessa idea, scuoteva il capo; poi tirò fuori un coltello dal gambale dello stivalone e,

голову убить ее. Он удивился, покачал на себя головой, потом достал из голенища нож и, повалив ее, перерезал ей горло. Дети стали кричать, он убил и их и ушел, не ночуя, из города. За городом, в деревне, он вошел в трактир и там выспался.

buttata a terra la donna, le tagliò la gola. I bambini si misero a urlare e lui ammazzò anche loro, e uscì dalla città senza passarvi la notte. Fuori città, in un villaggio, entrò in un'osteria e là si fermò a dormire.

На другой день он пришел опять в уездный город и на улице слышал разговор Марии Семеновны с учителем. Ее взгляд испугал его, но все-таки он решил забраться в ее дом и взять те деньги, которые она получила. Ночью он взломал замок и вошел в горницу. Первая услыхала его меньшая, замужняя дочь. Она закричала. Степан тотчас же зарезал ее. Зять проснулся и сцепился с ним. Он ухватил Степана за горло и долго боролся с ним, но Степан был сильнее. И, покончив с зятем, Степан, взволнованный, возбужденный борьбой, пошел за перегородку. За перегородкой лежала в постели Мария Семеновна и, поднявшись, смотрела на Степана испуганными, кроткими глазами и крестилась. Взгляд ее опять испугал Степана, Он опустил глаза.

Il giorno dopo andò di nuovo in città, e per la strada udì le parole scambiate fra Màrja Semjònovna e il maestro. Lo sguardo di lei lo spaventò, ma tuttavia decise d'introdursi in casa della donna e di prendere il denaro che ella aveva riscosso. Di notte ruppe la serratura ed entrò in casa. La prima a udire il rumore fu la figlia minore, quella sposata. Ella si mise a urlare, e Stjepàn subito l'uccise. Il cognato si svegliò e si azzuffò con lui. Afferrò Stjepàn alla gola e lottò a lungo, ma Stjepàn era più forte. E, dopo aver finito col cognato, Stjepàn su di giri, eccitato dalla lotta, passò dietro al tramezzo. Dietro al tramezzo era sdraiata nel letto Màrja Semjònovna e, sollevandosi su, guardò Stjepàn coi suoi dolci occhi spaventati e si fece il segno della croce. Il suo sguardo atterrì di nuovo Stjepàn. Egli abbassò gli occhi.

— Где деньги? — сказал он, не поднимая глаз. Она молчала.

– Dov'è il denaro? – disse, senz'alzar gli occhi. Ella taceva.

— Где деньги? — сказал Степан, показывая ей нож.

– Dov'è il denaro? – disse Stjepàn, mostrandole il coltello.

— Что ты? Разве можно? — сказала она.

– Che fai? Si può fare una cosa simile? – disse lei.

— Стало быть, можно.

– Certo che si può.

Степан подошел к ней, готовясь ухватить ее за руки, чтобы она не

Stjepàn le si avvicinò, pronto ad afferrarla per le braccia, perché non gli

мешала ему, но она не подняла рук, не противилась и только прижала их к груди и тяжело вздохнула и повторила:

— Ох, великий грех. Что ты? Пожалей себя. Чужие души, а пуще свою губишь... 0-ох! — вскрикнула она.

Степан не мог больше переносить ее голоса и взгляда и полоснул ее ножом по горлу. — «Разговаривать с вами».— Она опустилась на подушки и захрипела, обливая подушку кровью. Он отвернулся и пошел по горницам, собирая вещи. Обобрав, что нужно было, Степан закурил папироску, посидел, почистил свою одежду и вышел. Он думал, что и это убийство сойдет ему, как прежние, но, не дойдя до ночлега, вдруг почувствовал такую усталость, что не мог двинуть ни одним членом. Он лег в канаву и пролежал в ней остаток ночи, весь день и следующую ночь.

fosse più di ostacolo, ma ella non alzò le braccia, non si oppose, strinse soltanto le braccia al petto e, sospirando faticosamente, ripeté:

– Oh, che gran peccato! Abbi pietà di te stesso. Tu uccidi le anime degli altri, ma soprattutto la tua. Oh! – gemeva.

Stjepàn non poté più sostenere oltre i suoi sguardi e la sua voce, e le ficcò il coltello nella gola. – "Non ho tempo di far chiacchiere con voi".– Ella ricadde sul cuscino e rantolò, inondando il cuscino di sangue. Egli si voltò dall'altra parte e si mise a girare per le stanze, prendendo gli oggetti che trovava. Dopo avere rubato tutto quel che voleva, Stjepàn si accese una sigaretta, si mise a sedere, si ripulì il vestito, poi uscì. Pensava che anche quell'assassinio gli sarebbe andato via dalla mente come gli altri ma, prima di giungere a un rifugio per la notte, a un tratto si sentì talmente stanco da non poter più muovere le membra. Si sdraiò in un fossato e passò lì il resto della notte e anche tutto il giorno e la notte seguenti.

Часть Вторая

Parte seconda

I

Лежа в канаве, Степан не переставая видел перед собой кроткое, худое, испуганное лицо Марии Семеновны и слышал ее голос: «Разве можно?» — говорил ее особенный, ее шепелявящий, жалостный голос. И Степан опять переживал все то, что он сделал с нею. И ему становилось страшно, и он закрывал глаза и мотал своей волосатой головой, чтоб вытряхнуть из нее эти мысли и воспоминания. И на минутку он освобождался от воспоминаний, но на место их являлся ему сначала один, другой черный, и за другим шли еще другие черные с красными глазами и делали рожи, и все говорили одно: «С ней покончил — и с собой покончи, а то не дадим покоя». И он открывал глаза и опять видел ее и слышал ее голос, и ему становилось жалко ее и гадко и страшно на себя. И он опять закрывал глаза, и опять — черные.

I

Disteso nel fossato, Stjepàn vedeva sempre davanti a sé il viso magro, dolce, spaventato di Màrja Semjònovna, e udiva la voce di lei. "Ma si può fare una cosa simile?" diceva la sua voce così particolare, un po' blesa, in tono lamentoso. E Stjepàn riviveva di nuovo tutta la scena con lei. E lo assaliva il terrore, ed egli chiudeva gli occhi, e scuoteva la sua testa capelluta, per scacciarne quei pensieri e quei ricordi. E per un momento si liberava dai ricordi, ma al posto di questi gli appariva prima una figura nera, e poi un'altra, e altre ancora, altre figure nere con gli occhi rossi, che facevano smorfie, e tutte dicevano la stessa cosa: l'hai finita con lei – e ora finiscila con te stesso, se no, non ti daremo tregua. Egli apriva gli occhi e di nuovo vedeva lei e udiva la sua voce, e sentiva pietà per lei e disgusto e terrore per se stesso. E di nuovo chiudeva gli occhi, e di nuovo le figure nere.

К вечеру другого дня он поднялся и пошел в кабак. Насилу добрел до кабака и стал пить. Но сколько ни пил, хмель не брал его. Он молча сидел за столом и пил стакан за стаканом. В кабак пришел урядник.

— Ты чей будешь? — спросил его урядник.

— А тот самый, я вчерась у Добротворова всех перерезал.

Его связали и, продержав день при становой квартире, отправили в губернский город. Смотритель тюрьмы, узнав о нем прежнего своего арестанта-буяна и теперь великого злодея, строго принял его.

— Смотри, у меня не шалить, — нахмуря свои брови и выставив нижнюю челюсть, прохрипел смотритель. — Если только замечу что — запорю. От меня не убежишь.

— Что мне бегать, — отвечал Степан, опустив глаза, — я сам в руки дался.

— Ну, со мной не разговаривать. А когда начальство говорит, смотри в глаза, — крикнул смотритель и ударил его кулаком под челюсть.

Степану в это время опять представилась она и слышался ее голос. Он не слыхал того, что говорил ему смотритель.

— Чаво? — спросил он, опомнившись, когда почувствовал удар по лицу.

— Ну, ну — марш, нечего

Verso la sera del secondo giorno si alzò e andò in un'osteria. A stento si trascinò fin là a si mise a bere. Ma, per quanto bevesse, l'ubriachezza non sopraggiungeva. Se ne stava seduto a tavola e beveva bicchiere dopo bicchiere. Nell'osteria entrò un agente di polizia.

– Chi sei? – gli domandò l'agente.

– Son quello che ieri ha ucciso tutti in casa di Dobrotvòrov.

Lo ammanettarono e, dopo avergli fatto passare un giorno al commissariato, lo inviarono nel capoluogo del distretto. Il direttore della prigione, riconoscendo in lui il vecchio detenuto turbolento, diventato ora un gran malfattore, lo ricevette con severità.

– Bada che da me non si scherza, – brontolò il direttore, aggrottando le sopracciglia e facendo sporgere la mascella inferiore. –Appena mi accorgo di qualcosa, ti chiudo a chiave. Da qui non scappi.

– Perché dovrei scappare? – rispose Stjepàn, abbassando gli occhi, – mi sono consegnato io stesso nelle vostre mani.

– Su, con me c'è poco da discutere. E quando un'autorità ti parla, guarda negli occhi, – gridò il direttore e lo colpì con un pugno sotto alla mascella.

Stjepàn, in quel momento, rivide di nuovo lei e udì la sua voce. Non sentiva quel che gli diceva il direttore.

– Cosa? – domandò, rientrando in sé, quando sentì il colpo sul viso.

– Va, va, marche! Non far finta di

прикидываться.

Смотритель ждал буйства, переговоров с другими арестантами, попыток к бегству. Но ничего этого не было. Когда ни заглядывал в дырку его двери вахтер или сам смотритель, Степан сидел на набитом соломой мешке, подперев голову руками, и все что-то шептал про себя. На допросах следователя он тоже был не похож на других арестантов: он был рассеян, не слушал вопросов; когда же понимал их, то был так правдив, что следователь, привыкший к тому, чтобы бороться ловкостью и хитростью с подсудимыми, здесь испытывал чувство, подобное тому, которое испытываешь, когда в темноте на конце лестницы поднимаешь ногу на ступень, которой нету. Степан рассказывал про все свои убийства, нахмурив брови и устремив глаза в одну точку, самым простым, деловитым тоном, стараясь вспомнить все подробности: «Вышел он, — рассказывал Степан про первое убийство, — босой, стал в дверях, я его, значит, долбанул раз, он и захрипел, я тогда сейчас взялся за бабу»... и т. д. При обходе прокурором камер острога у Степана спросили, но имеет ли он жалоб и не нужно ли чего. Он отвечал, что ему ничего не нужно и что его не обижают. Прокурор, пройдя несколько шагов по вонючему коридору, остановился и спросил у сопутствующего ему смотрителя, как себя ведет этот арестант?

non sentire.

Il direttore s'aspettava da lui dei casini, dei complotti con gli altri detenuti, dei tentativi di fuga. Ma non ci fu nulla di tutto ciò. Quando guardavano dalla spia della sua porta, o il carceriere o lo stesso direttore, vedevano Stjepàn seduto su di un sacco pieno di paglia, con la testa fra le mani, che mormorava qualcosa fra sé. Agli interrogatori del giudice istruttore, egli non era come gli altri detenuti: era distratto, non udiva le domande, e quando le capiva, rispondeva con tanta semplicità che il giudice, abituato a dover lottare di astuzia e di sottigliezza con gli imputati, provava un senso simile a quello che si prova quando si alza un piede per salire uno scalino che non c'è. Stjepàn raccontava tutti i suoi delitti, aggrottando le sopracciglia e fissando gli occhi in un punto qualunque, con il più semplice dei toni, come se parlasse di affari, sforzandosi di ricordare tutti i particolari: "era uscito, – raccontava Stjepàn del suo primo assassinio, – scalzo, s'era affacciato alla porta, e allora lo colpii una volta, lui si mise a rantolare, e io allora subito afferrai la donna," e così di seguito. Durante la visita che fece alle carceri il procuratore, fu domandato a Stjepàn se avesse da far lagnanze e se avesse bisogno di qualche cosa, ed egli rispose che non aveva bisogno di nulla e che nessuno lo maltrattava. Il procuratore, fatti alcuni passi nel corridoio puzzolente, si fermò e, al direttore della prigione che l'accompagnava, domandò come si comportasse quel detenuto.

— Не надивлюсь на него, — отвечал смотритель, довольный тем, что Степан похвалил обращение с ним. — Второй месяц он у нас, примерного поведения. Только боюсь, не задумывает ли чего. Человек отважный и силы непомерной.

– Non cesso di meravigliarmi sul conto suo, – rispose il direttore, contento che Stjepàn avesse lodato il modo in cui veniva trattato. – È il secondo mese che è qui da noi, e la sua condotta è esemplare. Temo solo che almanacchi qualcosa. È un uomo coraggioso e ha una forza non comune.

II

II

Первый месяц тюрьмы Степан не переставая мучался все тем же: он видел серую стену своей камеры, слышал; звуки острога — гул под собой в общей камере, шаги часового по коридору, стук часов и вместе с тем видел ее — с ее кротким взглядом, который победил его еще при встрече на улице, и худой, морщинистой шеей, которую он перерезал, и слышал ее умильный, жалостный, шепелявый голос: «*Чужие души и свою губишь. Разве это можно?*» Потом голос затихал, и являлись те трое — черные. И являлись всё равно, закрыты или открыты были глаза. При закрытых глазах они являлись явственнее. Когда Степан открывал глаза, они смешивались с дверями, стенами и понемногу пропадали, но потом опять выступали и шли с трех сторон, делая рожи и приговаривая: покончи, покончи. Петлю можно сделать, зажечь можно. И тут Степана

Nel primo mese di carcere, Stjepàn non cessava di tormentarsi continuamente per la stessa cosa: vedeva il muro grigio della cella, udiva i rumori del carcere, il chiasso sotto di sé nella camerata comune, i passi del guardiano nel corridoio, il battere dell'orologio, e insieme a tutto ciò vedeva lei col suo sguardo dolce, che lo aveva soggiogato fin dall'incontro per la strada, e il suo collo magro, rugoso che egli aveva lacerato col coltello, e udiva la sua voce commovente, lamentevole, blesa: "Uccidi le anime degli altri e la tua: ma si può fare questo?" – Poi la voce taceva e apparivano le figure nere. E apparivano lo stesso, avesse gli occhi aperti o chiusi. Quando aveva gli occhi chiusi, erano più nitide. Quando Stjepàn apriva gli occhi, esse si confondevano con le porte, con le pareti e poco a poco sparivano, ma poi di nuovo comparivano e avanzavano verso di lui dai tre lati, facendo smorfie e dicendo: falla finita, falla finita. Si può fare un cappio, si può appiccare il fuoco. – E qui Stjepàn era preso da un tremito e si metteva a recitar preghiere, quelle che sapeva: l'Ave

прохватывала дрожь, и он начинал читать молитвы, какие знал: «Богородицу», «Вотче», и сначала как будто помогало. Читая молитвы, он начинал вспоминать свою жизнь: вспоминал отца, мать, деревню, Волчка-собаку, деда на печке, скамейки, на которых катался с ребятами, потом вспоминал девок с их песнями, потом лошадей, как их увели и как поймали конокрада, как он камнем добил его. И вспоминался первый острог, и как он вышел, и вспоминал толстого дворника, жену извозчика, детей и потом опять вспоминал ее. И ему становилось жарко, и он, спустив с плеч халат, вскакивал с нары и начинал, как зверь в клетке, скорыми шагами ходить взад и вперед по короткой камере, быстро поворачиваясь у запотелых, сырых стен. И он опять читал молитвы, но молитвы уже не помогали.

В один из длинных осенних вечеров, когда в трубах свистел и гудел ветер, он, набегавшись по камере, сел на койку и почувствовал, что бороться больше нельзя, что черные одолели, и он покорился им. Он давно уже приглядывался к отдушнику печи. Если обхватить его тонкими бечевками или тонкими лентами полотна, то не соскользнет. Но надо было это умно устроить. И он взялся за дело и два дня готовил полотняные ленты из мешка, на котором спал (когда входил вахтер, он накрывал койку халатом). Ленты он связывал узлами и делал их двойные, чтобы они не оборвались, а сдержали тело. Пока он готовил

Maria, il Padre Nostro, e da principio gli pareva di trarne aiuto. Dicendo le preghiere cominciava a ripensare alla sua vita: si ricordava il padre, la madre, il villaggio, Lupetta – una cagna, il nonno sulla stufa, le panche sulle quali ruzzolavano loro da ragazzi: poi si ricordava le ragazze con le loro canzoni, poi i cavalli che gli avevano rubati, come era stato preso il ladro, e come lui l'aveva finito con una sassata. E si ricordava la sua prima volta in prigione e come ne era uscito, e si ricordava il grasso albergatore, la moglie del carrettiere, i bambini, e poi di nuovo ripensava a lei. E allora si sentiva oppresso e, lasciandosi cadere la giacchetta da carcerato dalle spalle, saltava giù dal tavolato e cominciava, come una fiera in gabbia, a camminare a rapidi passi in su e in giù per la sua angusta cella, facendo un brusco dietrofront davanti alla parete umida e sudicia. E recitava di nuovo preghiere, ma le preghiere non lo aiutavano più.

In una lunga serata d'autunno, quando il vento fischiava e gemeva nei condotti, egli, dopo aver passeggiato per la cella, s'era seduto sul suo giaciglio e aveva sentito che non era più possibile lottare, che i fantasmi neri avevano vinto e che egli era in loro balia. Da un pezzo già aveva esaminato la bocca della stufa: se ci si mettevano intorno delle cordicelle o delle strisce di tela sottili, allora appendendovisi non sarebbe potuto scivolare. Ma bisognava farlo bene. Si mise all'opera e per due giorni preparò delle strisce con la fodera del saccone sul quale dormiva (quando entrava il carceriere, copriva il giaciglio col suo giubbone). Univa le strisce con dei nodi e le metteva doppie perché non si lacerassero e sostenessero il peso del corpo. Mentre preparava tutto ciò, cessava

все это, он не мучался. Когда все было готово, он сделал мертвую петлю, надел ее на шею, влез на кровать и повесился. Но только что стал высовываться у него язык, как ленты оборвались, и он упал. На шум вошел вахтер. Позвали фельдшера, и свели его в больницу. На другой день он совсем оправился, и его взяли из больницы и поместили уже не в отдельную, а в общую камеру.

di tormentarsi. Quando tutto fu pronto, fece un nodo scorsoio, se lo passò intorno al collo, salì sul letto e s'impiccò. Ma appena la lingua gli cominciava a uscir fuori, le strisce si ruppero e cadde. Al rumore accorse il carceriere. Chiamarono l'aiuto chirurgo e lo portarono all'ospedale. Il giorno seguente s'era riavuto completamente, lo spostarono dall'ospedale e lo misero non più in una cella isolata, ma nella camerata comune.

В общей камере он жил среди двадцати человек, как будто был один, никого не видел, ни с кем не говорил и все так же мучался. Особенно тяжело ему было, когда все спали, а он не спал и попрежнему видел ее, слышал ее голос, потом опять являлись черные с своими страшными глазами и дразнили его.

Nella camerata comune egli viveva fra venti uomini come se fosse stato solo: non vedeva nessuno, non parlava con nessuno, e si tormentava come prima. Gli erano soprattutto penose le ore quando tutti dormivano, e lui non dormiva e come in passato vedeva lei, ascoltava la sua voce, poi di nuovo apparivano le figure nere, coi loro terribili occhi, e lo stuzzicavano.

Опять, как прежде, он читал молитвы, и, как прежде, они не помогали.

Di nuovo, come prima, recitava preghiere e, come prima, non ne aveva nessun aiuto.

Один раз, когда, после молитвы, она опять явилась ему, он стал молиться ей, ее душеньке, о том, чтоб она отпустила, простила его. И когда он к утру повалился на примятый мешок, он крепко заснул, и во сне она, с своей худой, сморщенной, перерезанной шеей, пришла к нему.

Una volta, quando dopo la preghiera ella gli apparve di nuovo, egli si mise a pregarla, a pregare la sua anima perché lo lasciasse in pace e lo perdonasse. E quando verso la mattina si lasciò andare sul saccone tutto pesto, si addormentò di un sonno pesante, e in sogno ella, col suo magro collo rugoso, lacerato dal coltello, venne verso di lui:

— Что ж, простишь?

– Ebbene, mi perdoni?

Она посмотрела на него своим кротким взглядом и ничего не сказала.

Ella lo guardò col suo dolce sguardo e non disse nulla.

— Простишь?

– Mi perdoni?

И так до трех раз он спросил ее. Но она все-таки ничего не сказала.

Per tre volte glielo domandò. Ma ella non disse mai nulla ed egli si svegliò. Da

И он проснулся. С тех пор ему легче стало, и он как бы очнулся, оглянулся вокруг себя и в первый раз стал сближаться и говорить с своими товарищами по камере.

quel momento si sentì meno oppresso, e parve che fosse rientrato in sé, si guardò intorno, e per la prima volta cominciò aa avvicinare i suoi compagni di cella e a parlare con loro.

III

III

В одной камере с Степаном сидел Василий, опять попавшийся в воровстве и приговоренный к ссылке, и Чуев, тоже приговоренный на поселение. Василий все время или пел песни своим прекрасным голосом, или рассказывал товарищам свои похождения. Чуев же или работал, что-нибудь шил из платья или белья, или читал Евангелие и псалтырь.

Nella stessa cella di Stjepàn c'era Vasìlij, arrestato di nuovo per furto e condannato alla deportazione, e Cjùjev, anche lui condannato al domicilio coatto. Vasìlij tutto il tempo o cantava canzoni con la sua bella voce o raccontava ai compagni di cella le sue avventure. Cjùjev invece o lavorava, cuciva qualche cosa, vestiti o biancheria, oppure leggeva il Vangelo o il libro dei salmi.

На вопрос Степана о том, за что его ссылали, Чуев объяснил ему, что его ссылали за истинную веру Христову, за то, что обманщики-попы духа тех людей не могут слышать, которые живут по Евангелию и их обличают. Когда же Степан спросил Чуева, в чем евангельский закон, Чуев разъяснил ему, что евангельский закон в том, чтобы не молиться рукотворенным богам, а поклоняться в духе и истине. И рассказал, как они эту настоящую веру от безногого портного узнали на дележке земли.

Alla domanda di Stjepàn, perché l'avessero condannato alla deportazione, Cjùjev gli spiegò che l'avevano condannato per la vera fede di Cristo, perché i preti, ingannatori dello spirito, non potevano sopportare coloro che vivevano secondo il Vangelo e li denunziavano. Quando poi Stjepàn domandò a Cjùjev in che consiste la legge del Vangelo, Cjùjev gli spiegò che la legge del Vangelo consiste nel non adorare iddii fabbricati dalla mano degli uomini, ma inchinarsi allo spirito e alla verità. E raccontava come avesse appreso questa vera fede dal sarto paralizzato alle gambe, al tempo della divisione delle terre.

— Ну, а за дурные дела что

– E che ci sarà per le cattive azioni?

будет? — спросил Степан.

— Все сказано.

И Чуев прочел ему:

— «Когда же приидет сын человеческий во славе своей и все святые ангелы с ним, тогда сядет на престоле славы своей, и соберутся пред ним все народы; и отделит одних от других, как пастырь отделяет овец от козлов, и поставит овец по правую сторону свою, а козлов — по левую. Тогда скажет царь тем, которые по правую сторону его: «Приидите, благословенные отца моего, наследуйте царство, уготованное вам от создания мира: ибо алкал я, и вы дали мне есть; жаждал, и вы напоили меня; был странником, и вы приняли меня, был наг, и вы одели меня, был болен, и вы посетили меня; в темнице был, и вы пришли ко мне». Тогда праведники скажут ему в ответ: «Господи! когда мы видели тебя алчущим и накормили, или жаждущим и напоили? когда мы видели тебя странником и приняли, или нагим и одели? когда мы видели тебя больным или в темнице и пришли к тебе?» И царь скажет им в ответ: «Истинно говорю вам: так как вы сделали это одному из сих братьев моих меньших, то сделали мне». Тогда скажет и тем, которые по левую сторону: «Идите от меня, проклятые, в огнь вечный, уготованный дьяволу и ангелам его: ибо алкал я, и вы не дали мне есть; жаждал, и вы не напоили меня; был странником, и не приняли меня; был наг, и не одели меня; болен и в

– domandò Stjepàn.

– Tutto è scritto.

E Cjùjev gli lesse:

"Quando poi il figlio dell'uomo verrà nella sua gloria e tutti i santi angeli con lui, allora siederà sul trono della sua gloria e tutti i popoli si aduneranno davanti a lui; e separerà gli uni dagli altri, come il pastore separa le pecore dai capri, e metterà le pecore alla sua destra e i capri alla sua sinistra. Allora il Re dirà a coloro che saranno alla sua destra: "Venite, o voi benedetti dal Padre mio, possedete il Regno preparato per voi fin dalla creazione del mondo: poiché io ebbi fame e voi mi deste da mangiare, io ebbi sete e voi mi deste da bere, ero pellegrino e mi accoglieste, ero nudo e mi vestiste, ero ammalato e veniste a visitarmi, ero in carcere e veniste da me". Allora i giusti gli risponderanno: "Signore! Quando mai t'abbiamo veduto affamato e ti abbiamo nutrito? o assetato e t'abbiamo dato da bere? Quando ti abbiamo veduto pellegrino e ti abbiamo ospitato, nudo e ti abbiamo vestito? Quando ti abbiamo veduto ammalato o prigioniero e siamo venuti da te?" E il Re risponderà loro: "In verità vi dico: che quanto avete fatto per uno qualsiasi dei più piccoli fra i miei fratelli, altrettanto avete fatto per me". Allora dirà a coloro che saranno alla sua sinistra: "Andate via da me, maledetti, andate nel fuoco eterno, preparato per il diavolo e per i suoi angeli: poiché io avevo fame e voi non mi deste da mangiare; avevo sete e voi non mi deste da bere; ero pellegrino e voi non mi ospitaste; ero nudo e voi non mi vestiste; ero ammalato e prigioniero e voi non mi visitaste". Allora costoro gli risponderanno: "Signore! Quando mai ti abbiamo veduto affamato, o assetato, o

темнице, и не посетили меня». Тогда и они скажут ему в ответ: «Господи! когда мы видели тебя алчущим, или жаждущим, или странником, или нагим, или больным, или в темнице, и не послужили тебе?» Тогда скажет им в ответ: «Истинно говорю вам: так как вы не сделали этого одному из сих меньших, то не сделали мне». И пойдут сии в муку вечную, а праведники — в жизнь вечную». (Матф. XXV, 31-46.)

pellegrino, o nudo, o ammalato, o prigioniero, e non ti abbiamo servito?". Allora egli risponderà loro: "In verità vi dico, se non lo avete fatto a uno degli ultimi, non lo avete fatto a me". E costoro andranno all'eterno tormento, e i giusti alla vita eterna". (Matteo XXV, 31-46)

Василий, присевший на полу против Чуева и слушавший чтение, одобрительно кивнул своей красивой головой.

Vasìlij, che s'era accoccolato in terra di fronte a Cjùjev e ascoltava la lettura, scuoteva la sua bella testa in segno di approvazione.

— Верно, — решительно проговорил он, — идите, мол, проклятые, в муку вечную, никого не кормили, а сами жрали. Так им и надо. Ну-ка дай, я почитаю, — прибавил он, желая похвастаться своим чтением.

– Sicuro, – disse egli risolutamente, – andate, dirà, o maledetti, all'eterno tormento, voi che non nutriste nessuno e vi rimpinzaste. È giusto così. Da' un po' qua, leggerò io, – aggiunse, volendo far vedere che sapeva leggere.

— Ну, а прощение разве не будет? — спросил Степан, молча, опустив свою мохнатую голову, слушавший чтение.

– Ma come? Non ci sarà perdono? – domandò Stjepàn, che aveva ascoltato in silenzio la lettura, tenendo bassa la sua testa chiomata.

— Погоди, помолчи, — сказал Чуев Василью, который все приговаривал о том, как богатые ни странника не накормили, ни в темнице не посетили. — Погоди, что ль, — повторил Чуев, перелистывая Евангелие. Найдя то, что искал, Чуев расправил большой, побелевшей в остроге, сильной рукой листы.

– Aspetta, sta zitto, – disse Cjùjev a Vasìlij, il quale continuava sempre a rileggere dei ricchi che non avevano nutrito il pellegrino e non avevano visitato i prigionieri. – Aspetta, – ripeté Cjùjev, sfogliando il Vangelo. Avendo trovato ciò che cercava, Cjùjev stirò la pagina con la sua grossa mano diventata bianca in carcere.

— «И вели с ним, — с Христом, значит, — начал Чуев, — на смерть и двух злодеев. И, когда пришли на

– E conducevano a morte con lui, cioè con Cristo, – cominciò Cjùjev, – anche due ladroni. E quando giunsero al luogo

место, называемое лобное, там распяли его и злодеев, одного по правую, а другого по левую сторону.

Иисус же говорил: «Отче, прости им, ибо не знают, что делают...» И стоял народ и смотрел. Насмехались же вместе с ними и начальники, говоря: «Других спасал, пусть спасет себя самого, если он Христос, избранник божий». Так же и воины ругались над ним, подходя и поднося ему уксус и говоря: «Если ты царь иудейский, спаси себя самого». И была над ним надпись, надписанная словами греческими, римскими и еврейскими: «Сей есть царь иудейский». Один из повешенных злодеев злословил его и говорил: «Если ты Христос, спаси себя и нас». Другой же, напротив, унимал его и говорил: «Или ты не боишься бога, когда и сам осужден на то же? И мы осуждены справедливо, потому что достойное по делам нашим приняли; а он ничего худого не сделал». И сказал Иисусу: «Помяни меня, господи, когда приидешь во царствие твое». И сказал ему Иисус: «Истинно говорю тебе: ныне же будешь со мной в раю». (Луки XXIII, 32-43.)

Степан ничего не сказал и сидел задумавшись, как будто слушая, но он ничего не слышал уже из того, что дальше читал Чуев.

«Так вот она в чем, истинная вера, — думал он. — Спасутся только те, кто кормил, поил бедных, посещал заключенных, а в ад пойдут, кто не делал этого. А все-таки разбойник только на кресте

destinato al supplizio, crocifissero lui e i due ladroni, uno a destra, l'altro a sinistra.

E Gesù disse allora: "Padre, perdona loro poiché non sanno quello che fanno..." E il popolo stava là e guardava. E scherzavano col popolo anche i nobili, dicendo: "Ha salvato gli altri, che salvi se stesso, se egli è il Cristo, l'eletto di Dio". Anche i soldati l'ingiuriavano, e avvicinandosi gli porgevano dell'aceto e dicevano: "Se sei il re dei Giudei, salvati". E sopra di lui era stata posta una scritta, in greco, in latino e in ebraico: costui è il re dei Giudei. Uno dei due ladroni crocifissi l'insultava anch'egli e diceva: "Se sei il Cristo, salva te e noi". L'altro invece lo sgridò e disse: "Non temi tu Dio, quando sei condannato allo stesso supplizio? E noi siamo condannati giustamente poiché riceviamo quel che meritiamo coi nostri delitti; ma egli non ha fatto nulla di male". E disse a Gesù: "Ricordati di me, Signore, quando entrerai nel tuo regno". E disse a lui Gesù: "In verità oggi ti dico: sarai con me in paradiso."(Luca XXIII, 32-43)

Stjepàn non diceva nulla e se ne stava pensieroso come se ascoltasse, ma non udiva più ciò che Cjùjev seguitava a leggere.

"Ecco in che consiste la vera fede, pensava. Si salveranno soltanto coloro che hanno dato da mangiare e da bere ai poveri, che hanno visitato i carcerati, e andranno all'inferno coloro che non hanno fatto questo. Eppure il ladrone si è pentito

покаялся, а и то пошел в рай». Он не видел тут никакого противоречия, а напротив, одно подтверждало другое: что милостивые пойдут в рай, а немилостивые — в ад, значило то, что всем надо быть милостивыми, а что разбойника Христос простил, значит, что и Христос был милостив. Все это было совершенно ново для Степана; он только удивлялся, зачем это до сих пор было скрыто от него. И он все свободное время проводил с Чуевым, спрашивая и слушая. И, слушая, он понимал. Ему открылся общий смысл всего учения в том, что люди — братья и им надо любить и жалеть друг друга, и тогда всем хорошо будет. И когда он слушал, то воспринимал, как что-то забытое и знакомое, все, что подтверждало общий смысл этого учения, и пропускал мимо ушей то, что не подтверждало его, приписывая это своему непониманию.

И с этого времени Степан стал другим человеком.

soltanto sulla croce, ma è andato in paradiso." Egli non vedeva in ciò nessuna contraddizione, anzi, una cosa confermava l'altra: che i buoni andassero in paradiso e i cattivi all'inferno significava che tutti debbono essere buoni e che Cristo avesse perdonato il ladrone significava che Cristo era misericordioso. Tutto ciò era assolutamente nuovo per Stjepàn, ma egli si meravigliava soltanto che fino allora ciò gli fosse stato nascosto. E tutto il tempo libero lo passava con Cjùjev, interrogandolo e ascoltandolo. E ascoltando, capiva. Il senso generale di tutta la dottrina gli era stato rivelato e consisteva in questo: che gli uomini sono fratelli e debbono amarsi e compatirsi l'un l'altro e allora sarà bene per tutti, e quando egli ascoltava, gli pareva di afferrare come qualcosa che avesse già saputo e dimenticato, tutto ciò che confermava il senso generale di quella dottrina, e gli rimbalzava via dalle orecchie tutto ciò che non lo confermava, e lo attribuiva alla sua incomprensione.

E da quel momento, Stjepàn diventò un altro uomo.

IV

Степан Пелагеюшкин и прежде был смирен, но в последнее время он поражал и смотрителя, и вахтеров, и товарищей происшедшей в нем переменой. Он без приказания, вне

IV

Stjepàn Pelaghèjuskin anche prima era umile, ma negli ultimi tempi egli sorprendeva anche il direttore, i carcerieri e i compagni di cella per il cambiamento avvenuto in lui. Senza averne ricevuto

очереди, совершал все самые тяжелые работы, в том числе и очищение параши. Но, несмотря на эту свою покорность, сотоварищи уважали и боялись его, зная его твердость и большую физическую силу, особенно после случая с двумя бродягами, которые напали на него, но от которых он отбился, сломав одному из них руку. Бродяги эти взялись обыгрывать молодого богатенького арестанта и отобрали у него все, что у него было. Степан вступился за него и отнял у них выигранные деньги. Бродяги стали его ругать, потом бить, но он осилил их обоих. Когда же смотритель дознавался, в чем ссора, бродяги объявили, что Пелагеюшкин стал бить их. Степан не оправдывался и покорно принял наказание, состоящее в трехдневном карцере и в перемещении в одиночную камеру.

l'ordine e senza che toccasse a lui, faceva tutti i lavori più faticosi e fra questi la pulizia dei vasi da notte. Ma nonostante questa sua umiltà, i compagni di cella lo rispettavano e lo temevano, conoscendo la sua energia e la sua gran forza fisica, specialmente dopo quanto gli era successo con due pezzenti che gli si erano buttati addosso, ma dei quali egli si sbarazzò, rompendo il braccio a uno di loro. Questi pezzenti s'erano proposti di spogliare al gioco un giovane detenuto che aveva dei denaro, e difatti gli tolsero tutto quel che aveva. Stjepàn intervenne e tolse loro il denaro guadagnato. I pezzenti l'ingiuriarono e poi lo percossero, ma egli li vinse tutti e due. Quando il direttore s'informò del motivo di quella rissa, i pezzenti dichiararono che Pelaghèjuskin li aveva picchiati, Stjepàn non si giustificò e accettò docilmente il castigo che consisteva in tre giorni di reclusione e nel trasferimento in una cella isolata.

Одиночная камера была для него тяжела тем, что разлучила его с Чуевым и Евангелием, и, кроме того, он боялся, что возвратятся опять видения ее и черных. Но видений не было. Вся душа его была полна новым, радостным содержанием. Он бы был рад своему уединению, если бы он мог читать и у него было бы Евангелие. Евангелие дали бы ему, но читать он не мог.

La cella isolata era penosa per lui perché lo separava da Cjùjev e dal Vangelo e, oltre a ciò, egli temeva che tornasse di nuovo la visione di lei e degli spettri neri. Ma non ci furono visioni. Tutta l'anima sua era piena di un nuovo contenuto che la rallegrava. Sarebbe stato contento della sua solitudine, se avesse potuto leggere e se avesse posseduto il Vangelo. Il Vangelo glielo avrebbero dato, ma non poteva leggerlo.

Мальчиком он начал учиться грамоте по-старинному: аз, буки, веди, но не пошел по непонятливости дальше азбуки и никак не мог понять тогда складов и так и остался безграмотным. Теперь же он решил выучиться и попросил

Da piccolo aveva cominciato a imparare a leggere secondo il metodo antico: la a, la b, la v [Sono le prime tre lettere dell'alfabeto russo], ma per scarso talento non era andato oltre l'alfabeto e non aveva mai potuto capire la formazione delle sillabe, e così era rimasto analfabeta.*

у вахтера Евангелие. Вахтер принес ему, и он взялся за работу. Буквы он узнавал, но сложить ничего не мог. Сколько он ни бился, чтобы понять, как из букв складываются слова, ничего не выходило. Он ночи не спал, все думал, есть не хотелось, и от тоски на него такая вошь напала, что он не мог отпрестись от нее.

Ora però decise d'imparare a leggere e chiese al carceriere il Vangelo. Il carceriere glielo portò ed egli si mise al lavoro. Riconosceva le lettere, ma non riusciva a metterle insieme. Per quanto si arrabattasse per capire come con le lettere si formassero le parole, non ci riusciva. La notte non dormiva, pensava sempre, non aveva voglia di mangiare, e l'angoscia che provava lo avvilì tanto che fu invaso dai pidocchi al punto da non potersene liberare.

— Что ж, все не дошел? — спросил его раз вахтер!

– Ebbene, non ci sei ancora arrivato? – domandò una volta il carceriere.

— Нет.

– No.

— Да ты «Отче» знаешь?

– Ma sai il "Padre nostro?"

— Знаю.

– Lo so.

— Ну вот читай ее. Вот она, — и вахтер показал ему «Отче наш» в Евангелии.

– Se lo sai, leggilo, eccolo, – e il carceriere gli mostrò il "Padre nostro" nel Vangelo.

Степан стал читать «Отче», сличая знакомые буквы с знакомыми звуками. И вдруг ему открылась тайна сложения букв, и он стал читать. Это была большая радость. И с тех пор он стал читать, и выделявшийся понемногу смысл из трудно составляемых слов получал еще большее значение.

Stjepàn cominciò a leggere il "Padre nostro" paragonando le lettere che conosceva coi suoni che conosceva. E a un tratto gli si rivelò il segreto della combinazione delle lettere e cominciò a leggere. Fu una gran gioia. E da quel momento si mise a leggere, e il senso che a poco a poco si sprigionava dalle parole messe assieme con difficoltà riceveva un significato ancora più grande.

Одиночество теперь уже не тяготило, но радовало Степана. Он был весь полон своим делом и не обрадовался, когда его, для того чтобы освободить камеры для вновь прибывших политических, перевели опять в общую камеру.

La solitudine ora non gli pesava più, ma anzi lo rallegrava. Era tutto preso dal suo lavoro, e non si rallegrò affatto quando lo ricondussero di nuovo nella camerata comune, affinché le celle fossero libere per alcuni detenuti politici arrivati da poco.

V

Теперь уже не Чуев, а Степан часто в камере читал Евангелие, и одни арестанты пели похабные песни, другие слушали его чтение и его разговоры о прочитанном. Так слушали его молча и внимательно всегда двое: каторжник, убийца, палач Махоркин и Василий, который попался в воровстве и, ожидая суда, сидел в том же остроге. Махоркин два раза во время своего содержания в тюрьме исполнял свои обязанности, оба раза в отъезде, так как не находилось людей, которые бы исполняли то, что присуживали судьи. Крестьяне, убившие Петра Николаича, были судимы военным судом, и два из них были приговорены к смертной казни через повешение.

Махоркина потребовали в Пензу для исполнения его обязанности. В прежнее время он в этих случаях тотчас же писал — он был хорошо грамотен — бумагу губернатору, в которой объяснял, что он командирован для исполнения своих обязанностей в Пензу, и потому просил начальника губернии о назначении ему причитающихся суточных кормовых денег; теперь же он, к удивлению начальника тюрьмы, объявил, что он не поедет и не будет

V

Ora non era più Cjùjev, ma Stjepàn che spesso nella camerata leggeva il Vangelo, e alcuni detenuti cantavano canzoni oscene, mentre altri ascoltavano la sua lettura e i suoi discorsi su ciò che aveva letto. Due di loro poi l'ascoltavano sempre in silenzio e con attenzione: un ergastolano, assassino, che faceva da boia, Machòrkin, e Vasìlij, il quale di nuovo aveva commesso un furto e, aspettando il giudizio, stava nello stesso carcere. Machòrkin, due volte durante la sua permanenza in prigione, era stato chiamato a fare il suo lavoro, tutt'e due le volte in luoghi lontani, perché non si trovava chi volesse eseguire le condanne pronunziate dal tribunale. I contadini che avevano ucciso Pjotr Nikolàjevic erano stati giudicati da un tribunale militare e due di loro erano stati condannati alla pena di morte mediante impiccagione.

A Machòrkin fu richiesto di andare a Pènza per l'adempimento del suo dovere. In passato, in simili casi egli scriveva subito – sapeva scrivere bene, – un esposto al governatore nel quale spiegava che egli era stato comandato di andare a Pènza per l'adempimento dei suoi doveri e perciò pregava il capo del distretto di fargli assegnare il denaro che gli spettava per il soggiorno e il vitto; ora però, con meraviglia del direttore della prigione, dichiarò che non sarebbe andato e non avrebbe più compiuto le funzioni di boia.

больше исполнять обязанности палача.

— А плети забыл? — крикнул начальник тюрьмы.

— Что ж, плети — так плети, а убивать закона нет.

— Что ж это ты, от Пелагеюшкина набрался? Нашелся пророк острожный, погоди же ты.

– E hai dimenticato la frusta? – gridò il direttore della prigione.

– Sia pure, per la frusta! ma non c'è legge che comandi di uccidere.

– Cosa! Lo hai imparato da Pelaghèjuskin? Si è trovato un profeta in carcere. Ma aspetta e vedrai!

VI

Между тем Махин, тот гимназист, который научил подделать купон, кончил гимназию и курс в университете по юридическому факультету. Благодаря его успеху у женщин, у бывшей любовницы старика товарища министра, его совсем молодым назначили судебным следователем. Он был нечестный человек в долгах, соблазнитель женщин, картежник, но он был ловкий, сметливый, памятливый человек и умел хорошо вести дела.

Он был судебным следователем в том округе, где судился Степан Пелагеюшкин. Еще на первом допросе Степан удивил его своими ответами, простыми, правдивыми и спокойными. Махин бессознательно чувствовал, что этот стоящий перед ним человек в кандалах и с бритой головой, которого привели и

VI

Intanto, Màchin, lo studente di ginnasio che aveva mostrato come falsificare la cedola, aveva finito il ginnasio e il corso universitario nella facoltà di giurisprudenza. Grazie al suo successo con le donne, e specialmente con l'ex favorita di un vecchio sostituto d'un ministro, era stato nominato, giovanissimo, giudice istruttore. Era un uomo disonesto, pieno di debiti, seduttore di donne, giocatore, ma era abile, accorto, dotato di un'eccellente memoria, e sapeva condurre bene gli affari.

Era giudice istruttore in quel distretto nel quale doveva esser giudicato Stjepàn Pelaghèjuskin. Fin dal primo interrogatorio Stjepàn lo sorprese per le sue risposte semplici, giuste e tranquille. Màchin sentiva inconsciamente che quell'uomo che stava davanti a lui, in catene e con la testa rasa, che due soldati conducevano e sorvegliavano e poi

караулят и отведут под замок два солдата, что это человек вполне свободный, нравственно недосягаемо высоко стоящий над ним. И потому, допрашивая его, он беспрестанно подбадривал себя и подстегивал, чтобы не смущаться и не путаться. Поражало его то, что Степан говорил про свои дела, как про что-то давно прошедшее, совершенное не им, а каким-то другим человеком.

riconducevano nella sua cella, che quell'uomo, dico, era interamente libero e moralmente stava a un'altezza incommensurabile al disopra di lui. Pertanto, interrogandolo, si doveva far forza e autoincoraggiarsi continuamente per non lasciarsi turbare e confondere. Lo aveva colpito il modo con cui Stjepàn parlava dei suoi misfatti come di cosa passata da molto tempo, compiuta non da lui, ma da qualche altra persona.

— И тебе не жалко было их? — спрашивал Махин.

– Ma tu non avevi pietà di loro? – domandava Màchin.

— Не жалко. Я не понимал тогда.

– Non ne avevo. Allora non capivo.

— Ну, а теперь?

– E adesso?

Степан грустно улыбнулся.

Stjepàn sorrise con tristezza.

— Теперь на огне меня жги, того бы не сделал.

– Ora, nemmeno se mi mettessero al rogo, non lo farei.

— Отчего же?

– E perché mai?

— Оттого, что понял, что все люди братья.

– Perché ho capito che tutti gli uomini sono fratelli.

— Что же, и я тебе брат?

– Ma io dunque son tuo fratello?

— А то как же.

– Sicuro.

— Как же, я брат, а сужу тебя в каторгу?

– E come sarebbe che io, tuo fratello, ti condanno all'ergastolo?

— От непонятия.

– Per incomprensione.

— Что же я не понимаю?

– Cosa non capisco?

— Не понимаете, коли судите.

– Non capite, se giudicate.

— Ну, продолжаем. Потом ты куда пошел?.. Больше же всего поразило Махина то, что он узнал от смотрителя о влиянии Пелагеюшкина на палача Махоркина, который, рискуя быть наказанным, отказался от исполнения своей обязанности.

– Beh, continuiamo. Dopo, dove andasti? – Più di tutto però stupì Màchin quel che egli apprese dal direttore riguardo all'influenza di Pelaghèjuskin sul boia Machòrkin, che, rischiando d'essere punito, si era rifiutato di adempiere al suo obbligo.

VII

На вечере у Еропкиных, где были две барышни — богатые невесты, за которыми обеими ухаживал Махин, после пения романсов, в котором особенно отличался очень музыкальный Махин, — он и вторил прекрасно и аккомпанировал, — он рассказал очень верно и подробно — у него была прекрасная память — и совершенно безучастно про странного преступника, который обратил палача. Махин потому так хорошо и помнил и мог передать все, что он всегда был совершенно безучастен к тем людям, с которыми имел дело. Он не входил, не умел входить в душевное состояние других людей и потому-то и мог так хорошо запоминать все, что происходило с людьми, что они делали, говорили. Но Пелагеюшкин заинтересовал его. Он не вошел в душу Степана, но невольно задался вопросом: что у него в душе, и, не найдя ответа, но чувствуя, что это что-то интересное, рассказал на вечере все дело: и совращение палача, и рассказы смотрителя о том, как странно ведет себя Пелагеюшкин, и как читает Евангелие, и какое сильное влияние имеет на товарищей.

Всех заинтересовал рассказ

VII

A una serata in casa Jeròpkin, dove c'erano due signorine, due ricchi partiti, entrambe corteggiate da Màchin, dopo che si furon cantate le romanze, nelle quali si distinse in modo particolare Màchin, per il talento musicale, – faceva assai bene da seconda voce e accompagnava al pianoforte, – egli si mise a raccontare molto fedelmente e minutamente – aveva un'ottima memoria, – e con assoluto distacco, dello strano delinquente che aveva convertito il boia. Màchin poteva rammentarsi di tutto e raccontar così bene perché era sempre assolutamente indifferente alle persone con le quali aveva a che fare. Egli non entrava, non sapeva entrare nello stato d'animo delle altre persone, e perciò poteva ricordar così bene tutto ciò che era accaduto loro, tutto ciò che avevano fatto e detto. Ma Pelaghèjuskin lo aveva interessato. Egli non era penetrato nell'anima di Stjepàn, ma involontariamente si era posto la domanda: che cosa c'è nell'anima sua? E, non avendo trovato una risposta, ma sentendo che c'era qualcosa di interessante, narrò a quella serata tutto il fatto: la conversione del boia e i racconti del direttore sullo strano modo di comportarsi di Pelaghèjuskin, e come egli leggesse il Vangelo e che forte influenza avesse sui compagni.

La narrazione di Màchin interessò

Махина, но больше всех меньшую — Лизу Еропкину, восемнадцатилетнюю девушку, только что вышедшую из института и только что опомнившуюся от темноты и тесноты ложных условий, в которых она выросла, и точно вынырнувшую из воды, страстно вдыхавшую в себя свежий воздух жизни. Она стала расспрашивать Махина о подробностях и о том, как, почему произошла такая перемена в Пелагеюшкине, и Махин рассказал то, что он слышал от Степана о последнем убийстве, и как кротость, покорность и бесстрашие смерти этой очень доброй женщины, которую он последнюю убил, победили его, открыли ему глаза и как потом чтение Евангелия докончило дело.

tutti, ma più di tutti la piccola Lìza Jeròpkina, una fanciulla di diciott'anni, uscita allora allora di collegio, e che cominciava appena a riaversi dalla ristrettezza e dalla falsità dell'ambiente nel quale era cresciuta e, come coloro che escono dall'acqua, aspirava con passione l'aria fresca della vita. Ella cominciò a interrogare Màchin sui particolari del fatto: come, perché era accaduto quel cambiamento in Pelaghèjuskin, e Màchin raccontò ciò che aveva udito dall'agente di polizia sull'ultimo assassinio e ciò che narrava lo stesso Pelaghèjuskin: come, cioè, la dolcezza, la rassegnazione, la serenità davanti alla morte di quella donna eccellente che egli aveva uccisa per ultimo l'avevano vinto, gli avevano aperto gli occhi, e come poi la lettura del Vangelo aveva compiuto l'opera.

Долго в эту ночь не могла Лиза Еропкина заснуть. В ней уже несколько месяцев шла борьба между светской жизнью, в которую увлекала ее сестра, и увлечением Махиным, соединенным с желанием исправить его. И теперь последнее взяло верх. Она и прежде слышала про убитую. Теперь же, после этой ужасной смерти и рассказа Махина со слов Пелагеюшкина, она до подробностей узнала историю Марии Семеновны и была поражена всем тем, что узнала о ней.

Per un po' quella notte Lìza Jeròpkina non poté dormire. Già da alcuni mesi in lei c'era una lotta interiore fra la vita mondana, nella quale la sorella la trascinava, e la sua inclinazione per Màchin, unita al desiderio che ella aveva di emendarlo. E ora l'ultima cosa ebbe il sopravvento. Già prima aveva sentito parlare dell'assassinata. Ma ora, dopo quella terribile morte e il racconto di Màchin con le parole di Pelaghèjuskin, ella conosceva nei dettagli la storia di Màrja Semjònovna ed era colpita da tutto ciò che aveva appreso di lei.

Лизе страстно захотелось быть такой Марией Семеновной. Она была богата и боялась, что Махин ухаживает за ней из-за денег. И она

Lìza provò l'ardente desiderio di essere simile a Màrja Semjònovna. Era ricca e temeva che Màchin le facesse la corte per i suoi denari. E decise di dar via tutta la

решила раздать свое имение и сказала об этом Махину.

Махин рад был случаю выказать свое бескорыстие и сказал Лизе, что он любит ее не из-за денег, и это, как ему казалось, великодушное решение тронуло его самого. У Лизы между тем началась борьба с ее матерью (имение было отцовское), не позволявшей раздавать имение. И Махин помогал Лизе. И чем больше он поступал так, тем больше он понимал совсем другой, чуждый ему до тех пор мир духовных стремлений, который он видел в Лизе.

sua proprietà e lo disse a Màchin.

Màchin fu contento dell'occasione per mostrare il suo altruismo e disse a Lìza che egli non l'amava per i suoi denari e che questa sua generosa risoluzione lo commuoveva. Intanto era cominciata per Lìza la lotta con suo padre (la fortuna le veniva da parte della madre) che non le permetteva di dar via la proprietà. E Màchin aiutava Lìza. E quanto più egli agiva così, tanto più egli capiva quel mondo completamente diverso di aspirazioni spirituali che vedeva in Lìza e che fino allora gli era rimasto estraneo.

VIII

Все утихло в камере. Степан лежал на своем месте на нарах и не спал еще. Василий подошел к нему и, дернув его за ногу, мигнул ему, чтобы он встал и вышел к нему. Степан сполз с нар и подошел к Василью.

— Ну, брат, — сказал Василий, — ты уж потрудись, пособи мне.

— В чем пособить-то?

— Да вот бежать хочу.

И Василий открыл Степану то, что у него все готово, чтоб бежать.

— Завтра я их взбаламучу, — он указал на лежащих. — На меня

VIII

Tutto taceva nella camerata. Stjepàn era sdraiato al suo posto, sul tavolaccio, e non dormiva ancora. Vasílij si avvicinò e, presolo per una gamba, gli fece un segno perché si alzasse e venisse da lui. Stjepàn saltò giù dal tavolaccio e andò da Vasìlij.

– Su fratello, – disse Vasìlij, – fai davvero qualcosa, aiutami.

– In che ti posso aiutare?

– Ecco, io voglio scappare.

E Vasìlij rivelò a Stjepàn che già tutto era pronto per scappare.

– Domani li farò ribellare, – e accennava a quelli che erano a letto. –

скажут. Переведут в верхние, а уж там я знаю как. Только ты мне пробой из мертвецкой вышатай.

— Это можно. Куда пойдешь-то?

— А куда глаза глядят. Разве мало народу плохого?

— Это, брат, так, только не нам судить их.

— Да что ж, я разве душегуб какой. Я ни одной души не погубил, а что воровать? Что ж тут плохого? Разве они не грабят нашего брата?

— Это их дело. Они отвечать будут.

— Да что ж им в зубы-то смотреть? Ну вот я церковь обобрал. Кому от этого худо? Я теперь хочу так сделать, чтобы не лавчонку, а хватить казну и раздавать. Добрым людям раздавать.

В это время поднялся с нар один арестант и стал прислушиваться. Степан и Василий разошлись.

На другой день Василий сделал, как хотел. Он стал жаловаться на хлеб, что сыр, подбил всех арестантов звать к себе смотрителя, заявить претензию. Смотритель пришел, обругал всех и, узнав, что затейщик всего дела Василий, велел посадить его отдельно в одиночную камеру верхнего этажа.

Этого только и нужно было Василью.

Diranno che sono stato io. Mi condurranno di sopra, e una volta là, so io come fare. Svitami soltanto la serratura del deposito mortuario.

– Questo si può fare. Ma dove andrai?

– Da qualsiasi parte. Scarseggia forse la gente cattiva?

– È vero, fratello, ma non sta a noi giudicare.

– Ma che? Sono forse un assassino? Io non ho ancora ucciso una sola anima, e in quanto a rubare, che c'è di male? Loro non rubano ai nostri fratelli?

– Questo è affar loro e ne dovranno risponder loro.

– Perché stare a guardar gli altri? Ebbene, io ho svaligiato una chiesa, a chi ho fatto male? Ora voglio fare in modo di svaligiare non una botteguccia qualunque, ma la cassa dello Stato, per prendere il denaro e distribuirlo. Distribuirlo alla brava gente.

In quel momento si alzò dal tavolaccio uno dei detenuti e cominciò a guardare intorno. Stjepàn e Vasìlij si separarono.

Il giorno seguente, Vasìlij fece come aveva detto. Cominciò a lamentarsi del pane che era molliccio ed eccitò tutti i detenuti a far chiamare il direttore e a esporre i loro reclami. Il direttore venne, rimproverò tutti e, avendo appreso che Vasìlij era l'istigatore di tutto l'affare, ordinò che venisse separato dagli altri, da solo, in una cella del piano superiore.

Era ciò che voleva Vasìlij.

IX

Василий знал ту верхнюю камеру, в которую его посадили. Он знал пол в ней и как только попал туда, так стал разбирать пол. Когда можно было пролезть под пол, он разобрал потолочины и спрыгнул в нижний этаж, в мертвецкую. В этот день в мертвецкой лежал на столе один мертвый. В этой же мертвецкой были сложены мешки для сенников. Василий знал это и на эту камеру рассчитывал. Пробой в этой камере был вытащен и вложен. Василий вышел из двери и пошел в строящийся нужник в конце коридора. В этом нужнике была сквозная дыра с третьего этажа до нижнего, подвального. Ощупав дверь, Василий вернулся в мертвецкую, снял с холодного, как лед, мертвеца полотно (он коснулся его руки, когда снимал), потом взял мешки, связал их узлами так, чтобы сделать из них веревку, и снес эту веревку из мешков в нужник; там привязал веревку к перекладине и полез по ней вниз. Веревка не доставала до пола. Много ли, мало она не хватала — он не знал, но делать нечего было, он повис и прыгнул. Ноги отбил, но ходить мог. В подвальном этаже было два окна. Пролезть можно бы, но вделаны железные решетки. Надо

IX

Vasìlij conosceva la cella del piano di sopra, nella quale lo misero. Ne conosceva l'impiantito, e non appena si trovò là dentro, cominciò subito a sconnetterlo. Quando fu possibile passar attraverso il buco che aveva fatto, si mise a sconnettere le tavole del soffitto e saltò al piano di sotto, dov'era il deposito mortuario. Quel giorno c'era un solo morto steso sulla tavola. In quello stesso luogo erano depositati dei sacchi che servivano per i paglierìcci. Vasìlij lo sapeva e aveva fatto i suoi conti su quella cella. La serratura era svitata. Vasìlij uscì dalla porta e andò nella latrina che era in costruzione in fondo al corridoio. In quella latrina c'era un foro che dal terzo piano scendeva fino al pianterreno e al sottosuolo. Trovata a tentoni la porta, Vasìlij tornò nel deposito mortuario, tolse il lenzuolo che copriva il morto, freddo come il ghiaccio (gli aveva toccato una mano nel togliere il lenzuolo), poi prese i sacchi e li legò uno all'altro con dei nodi, così da farne una corda, e portò questa corda di sacchi nella latrina: lì, legò la corda a una trave e, tenendosi a quella, scese giù. La corda non giungeva al suolo. Non sapeva se ci voleva ancora molto o poco, ma non c'era nulla da fare: si sospese e fece un salto. Si fece male a un piede, ma poteva camminare. Nel sottosuolo c'erano due finestre. Si poteva passare attraverso quelle, ma c'erano delle inferriate. Bisognava romperle. Come? Vasìlij si

было выломать их. Чем? Василий стал шарить. В подвальном этаже лежали отрезки досок. Он нашел один отрезок с острым концом и стал им выворачивать кирпичи, державшие решетки. Долго он работал. Петухи второй раз уже пели, а решетка держалась. Наконец одна сторона вышла. Василий подсунул отрезок и понапер, решетка выворотилась вся, но упал кирпич и загремел. Часовые могли услыхать. Василий замер. Все тихо. Он полез в окно. Вылез. Бежать ему надо было через стену. В углу двора была пристройка. Надо было влезть на эту пристройку и с нее через стену. Надо взять с собой отрезок доски. Без него не влезешь. Василий полез назад. Опять выполз с отрезком и замер, слушая, где часовой. Часовой, как он и рассчитал, ходил по другой стороне квадрата двора. Василий подошел к пристройке, приставил отрезок, полез. Отрезок соскользнул, упал. Василий был в чулках. Он снял чулки, чтобы цепляться ногами, поставил опять отрезок, вскочил на него и ухватился рукой за желоб. — Батюшка, не оторвись, выдержи. — Он схватился за желоб, и вот коленка его на крыше. Часовой идет. Василий лег и замер. Часовой не видит и опять отходит. Василий вскакивает. Железо трещит под ногами. Еще шаг, два, вот стена. До стены легко достать рукой. Одна рука, другая, вытянулся весь, и вот на стене. Только бы не расшибиться, спрыгивая. Василий переворачивается, виснет на руках,

mise a frugare dappertutto. Nel sottosuolo c'erano delle tavole tagliate. Ne trovò una con una punta acuta e si mise a svellere i mattoni che tenevano le inferriate. Lavorò a lungo. I galli avevano già cantato due volte e l'inferriata resisteva ancora. Finalmente da una parte cominciò a venir via. Vasìlij infilò la tavola, spinse, l'inferriata si staccò completamente, ma un mattone cadde facendo fracasso. Le sentinelle potevano aver sentito. Vasìlij rabbrividì. C'era un silenzio assoluto. Egli s'infilò attraverso la finestra. Scivolò fuori. Ora doveva scavalcare il muro. In un angolo del cortile c'era una costruzione addossata al muro. Bisognava arrampicarsi su e poi scalare il muro. Doveva prendere con sé la tavola fatta a punta. Senza di quella non si sarebbe potuto arrampicare. Vasìlij tornò indietro. Sgusciò di nuovo fuori con la tavola e di nuovo rabbrividì udendo il passo della sentinella. La sentinella, secondo i calcoli che aveva fatto, camminava dall'altra parte del cortile quadrato. Vasìlij si avvicinò alla piccola costruzione, ci appoggiò la tavola, salì su. La tavola scivolò e lui cadde. Vasìlij aveva le calze, se le tolse per aggrapparsi coi piedi, appoggiò di nuovo la tavola, ci saltò su e afferrò con le mani la grondaia. – Eh! non ti rompere, reggimi! – Si tenne alla grondaia, ed eccolo con le ginocchia sul tetto. Arriva la sentinella. Vasìlij si sdraia e resta immobile. La sentinella non lo vede e di nuovo si allontana. Vasìlij salta su. Il ferro cigola sotto i suoi piedi. Ancora un passo, due, ecco il muro. Una mano, poi l'altra, si stende tutto, ed eccolo sul muro. Basta che saltando giù non si ammazzi! Vasìlij si gira, si appende per le braccia, si allunga, si lascia andare con una mano, poi con l'altra. – Signore, abbi

вытягивается, пускает одну руку, другую, — господи, благослови! — На земле. И земля мягкая. Ноги целы, и он бежит.

В предместье Маланья отпирает, и он залезает под стеганое из кусочков теплое, пропитанное запахом пота одеяло.

misericordia! – È a terra. E la terra è molle. Le gambe sono salve, e si mette a correre.

In un sobborgo, Malànja gli apre la porta, ed egli s'infila sotto la coperta fatta di scampoli, calda, che emana un odore di sudore.

X

X

Крупная, красивая, всегда спокойная, бездетная, полная, как яловая корова, жена Петра Николаича видела из окна, как убили ее мужа и потащили куда-то в поле. Чувство ужаса при виде этого побоища, которое испытала Наталья Ивановна (так звали вдову Петра Николаича), как это всегда бывает, было так сильно, что заглушило в ней все другие чувства. Когда же вся толпа скрылась за оградой сада и гул голосов затих, и босая Маланья, прислуживавшая им девка, с выпяченными глазами прибежала с известием, точно это было что-то радостное, что Петра Николаича убили и бросили в овраге, из-за первого чувства ужаса стало выделяться другое: чувство радости освобождения от деспота с закрытыми черными очками глазами, которые девятнадцать лет держали ее в рабстве. Она сама ужаснулась этому чувству, сама себе не призналась в нем, а тем более не

Forte, bella, sempre tranquilla, senza figli, grassa come una vacca sterile, la moglie di Pjotr Nikolàjevic aveva visto dalla finestra come avevano ucciso suo marito e come lo avevano trascinato nei campi. Il sentimento di terrore che aveva provato Natàlja Ivànovna (così si chiamava la vedova di Pjotr Nikolàjevic) alla vista di quell'uccisione era stato così forte che, come sempre succede, aveva soffocato in lei qualunque altro sentimento. Quando poi tutta la folla fu scomparsa dietro alla siepe del giardino, e il rumore delle voci si fu chetato, e Malànja, la ragazza che li serviva, scalza, con gli occhi spiritati, venne di corsa con la notizia, come se fosse stata una cosa allegra, che avevano ucciso Pjotr Nikolàjevic e l'avevano buttato in un burrone, a quel primo sentimento di terrore se ne sostituì un altro: il sentimento di gioia per essere stata liberata da un despota, dagli occhi nascosti sotto gli occhiali neri, che per diciannove anni l'aveva tenuta in schiavitù. Ella si sgomentò per questo sentimento che non osava confessare a sé stessa e tanto meno

высказала его никому. Когда обмывали изуродованное желтое, волосатое тело и одевали и укладывали в гроб, она ужасалась, плакала и рыдала. Когда приехал следователь по особо важным делам и как свидетельницу допрашивал ее, она видела тут же, в квартире следователя, двух закованных крестьян, признанных главными виновниками. Один был уже старый с длинной белокурой бородой в завитках, с спокойным и строгим, красивым лицом, другой был цыганского склада, не старый человек с блестящими черными глазами и курчавыми, взъерошенными волосами. Она показывала, что́ знала, признала в этих самых людях тех, которые первые схватили за руки Петра Николаича, и, несмотря на то, что похожий на цыгана мужик, блестя и поводя глазами из-под движущихся бровей, укоризненно сказал: «Грех, барыня! Ох, умирать будем», — несмотря на это, ей нисколько не жалко было их. Напротив, во время следствия в ней поднялось враждебное чувство и желание отомстить убийцам мужа.

mostrare ad alcuno. Quando ebbero lavato il corpo sformato, giallo, peloso, lo ebbero vestito e messo nella bara, ella si spaventò e cominciò a piangere e a singhiozzare. Quando venne il giudice istruttore per i processi di particolare gravità e l'interrogò come testimone, ella vide là nell'appartamento del giudice due contadini incatenati, riconosciuti come i principali colpevoli. Uno era già vecchio, con una lunga barba biondiccia, tutta riccioli, con un bel viso calmo e austero; l'altro era il tipico zingaro, non vecchio, con occhi neri e lucenti, e i capelli ricci scompigliati. Ella depose ciò che sapeva, riconobbe in quei due coloro che per primi avevano afferrato per le braccia Pjotr Nikolàjevic e, malgrado il fatto che il contadino che pareva uno zingaro, facendo brillare e girare le sue pupille sotto le mobili sopracciglia, le avesse detto con rimprovero: "Commette peccato, signora: tutti dovremo morire", malgrado ciò, non ebbe affatto pietà di loro. Al contrario, durante l'istruttoria sorse in lei un senso d'odio e il desiderio di vendicarsi degli uccisori di suo marito.

Но, когда через месяц дело, переданное в военный суд, было решено тем, что восемь человек были приговорены к каторжным работам, а двое, белобородый старик и черномазый цыганок, как его звали, были приговорены к повешению, она почувствовала что-то неприятное. Но неприятное сомнение это, под влиянием торжественности суда, скоро прошло. Если высшее начальство

Ma quando, dopo un mese, il processo, deferito al tribunale militare, fu deciso con la condanna di otto uomini ai lavori forzati, e due persone, il vecchio dalla barba biondiccia e lo zingaro dalla carnagione scura, come lei lo chiamava, furono condannate all'impiccagione, ella provò una spiacevole sensazione. Ma questo sgradevole turbamento svanì presto grazie all'impressione indotta dalla solennità della corte. Se l'autorità suprema riconosce che è necessario agire in questo

признает, что надо, то, стало быть, это хорошо.

Казнь должна была совершиться в селе. И, вернувшись в воскресенье от обедни, Маланья, в новом платье и новых башмаках, доложила барыне, что строят виселицу и к середе ждут палача из Москвы и что воют семейные не переставая, по всей деревне слышно.

Наталья Ивановна не выходила из дома, чтобы не видать ни виселиц, ни народа, и одного желала: чтобы поскорее кончилось то, что должно быть. Она думала только о себе, а не о приговоренных и их семьях.

modo, vuol dire che così è giusto che sia.

L'esecuzione doveva avvenire nel villaggio. E la domenica, tornata dalla messa, con un vestito nuovo e scarpe nuove, Malànja annunciò alla padrona che stavano rizzando la forca e che per il mercoledì si aspettava il boia da Mosca, e che le famiglie non smettevano di mandar lamenti che si sentivano per tutto il villaggio.

Natàlja Ivànovna non uscì di casa per non vedere né la forca né la gente e desiderava una cosa soltanto, che quel che andava fatto fosse finito al più presto. Ella pensava soltanto a sé, non ai condannati e alle loro famiglie.

XI

Во вторник к Наталье Ивановне заехал знакомый становой. Наталья Ивановна угостила его водкой и солеными грибками ее приготовления. Становой, выпив водки и закусив, сообщил ей, что казни завтра еще не будет.

— Как? Отчего?

— Удивительная история. Палача не могли найти. Один был в Москве, и тот, рассказывал мне сын, начитался Евангелия и говорит: не могу убивать. Сам за убийство

XI

Il martedì venne da Natàlja Ivànovna il commissario di polizia che ella conosceva. Natàlja Ivànovna gli offrì della vodka e dei funghi marinati, preparati da lei. Il commissario, dopo aver bevuto la vodka e gustato gli antipasti, la informò che l'esecuzione non si sarebbe più eseguita il giorno dopo.

– Cosa? Per quale motivo?

– È una storia strabiliante. Non sono riusciti a trovare un carnefice. Ce n'era uno a Mosca, ma quello, mi ha raccontato mio figlio, s'è riempito la testa con la lettura del Vangelo e dice: "Non posso

приговорен к каторжным работам, а теперь вдруг — не может по закону убивать. Ему говорили, что плетьми сечь будут. Секите, говорит, а я не могу.

uccidere". Lui stesso è stato condannato per assassinio ai lavori forzati, ma ora, a un tratto, non può uccidere legalmente. Lo hanno minacciato di frustate. Frustatemi, dice, ma io non posso.

Наталья Ивановна вдруг покраснела, вспотела даже от мыслей.

Natàlja Ivànovna, a un tratto, arrossì sudando, assalita da un pensiero.

— А нельзя их простить теперь?

– Ma ora è impossibile che abbiano la grazia?

— Как же простить, когда приговорены судом. Один царь простить может.

– Come graziarli, se sono stati condannati dal tribunale? Solo lo zar può far la grazia.

— Да как же царь узнает?

– Ma come lo saprebbe lo zar?

— Имеют право просить о помиловании.

– Essi hanno il diritto di chiedere la grazia.

— Да ведь их за меня казнят, — сказала глупая Наталья Ивановна. — А я прощаю.

– Ma essi sono condannati a morte per causa mia, – disse la stolta Natàlja Ivànovna. – E io li perdono.

Становой засмеялся.

Il commissario si mise a ridere.

— Что ж, просите.

– E allora, chiedete la grazia.

— Можно?

– Si può fare?

— Известно, можно.

– Certamente, si può.

— Да ведь теперь не успеешь?

– Ma ora non si farà in tempo!

— Можно телеграммой.

– Si può telegrafare.

— К царю?

– Allo zar?

— Что ж, и к царю можно.

– Sì, anche allo zar si può.

Известие о том, что палач отказался и готов пострадать скорее, чем убивать, вдруг перевернуло душу Натальи Ивановны, и то чувство сострадания и ужаса, которое просилось несколько раз наружу, прорвалось и захватило ее.

La notizia che il boia aveva rifiutato ed era pronto a soffrire piuttosto che uccidere aveva a un tratto sconvolto l'anima di Natàlja Ivànovna, e quel senso di compassione e di orrore che più volte aveva cercato di venir fuori proruppe finalmente e la pervase completamente.

— Голубчик, Филипп Васильевич, напишите мне

– Mio caro Filipp Vasiljevic, scrivetemi il telegramma. Voglio chiedere

телеграмму. Я хочу просить у царя помилования.

la grazia allo zar.

Становой покачал головой.

Il commissario scosse il capo.

— Как бы нам не влетело за это?

– Non ci porterà dei guai questo fatto?

— Да ведь я в ответе. Я про вас не скажу.

– Ne risponderò io. Non parlerò di voi.

«Эка добрая баба, — подумал становой, — хорошая баба. Кабы моя такая была, рай бы был, а не то, что теперь».

"Ecco una brava donna! – pensò il commissario. – Se la mia fosse così, sarebbe il paradiso, e non come ora..."

И становой написал телеграмму царю: «Его Императорскому Величеству Государю Императору. Верноподданная Вашего Императорского Величества, вдова убитого крестьянами коллежского асессора Петра Николаевича Свентицкого, припадая к священным стопам (это место телеграммы особенно понравилось составлявшему ее становому) Вашего Императорского Величества, умоляет Вас помиловать приговоренных к смертной казни крестьян таких-то, такой-то губернии, уезда, волости, деревни».

E il commissario scrisse il telegramma per lo zar: "A Sua Maestà Imperiale, l'Imperatore e Zar. La devota suddita di Vostra Maestà Imperiale, vedova dell'assessore di collegio Pjotr Nikolàjevic Sventìtskij, ucciso dai contadini, cadendo agli augusti piedi della Vostra Imperiale Maestà (questo punto del telegramma piacque in particolar modo al commissario che l'aveva composto), Vi scongiura di far grazia al tale e tale contadino, condannati alla pena di morte, nella tale provincia, nel tale distretto e villaggio".

Телеграмма была послана самим становым, и на душе у Натальи Ивановны было радостно, хорошо. Ей казалось, что если она, вдова убитого, прощает и просит помиловать, то царь не может не помиловать.

Il telegramma fu spedito dallo stesso commissario, e Natàlja Ivànovna sentì nell'anima una piacevole letizia. Le pareva che, se lei, vedova dell'ucciso, perdonava e chiedeva la grazia, lo zar non la potesse negare.

XII

Лиза Еропкина жила в неперестающем восторженном состоянии. Чем дальше она шла по открывшемуся ей пути христианской жизни, тем увереннее она была, что это путь истинный, и тем радостнее ей становилось на душе.

У ней были теперь две ближайшие цели: первая обратить Махина, или, скорее, как она говорила это себе, вернуть к себе, к своей доброй, прекрасной натуре. Она любила его, и при свете своей любви ей открывалось божественное его души, общее всем людям, но она видела в этом общем всем людям начале жизни его ему одному свойственную доброту, нежность, высоту. Другая цель ее была в том, чтобы перестать быть богатой. Она захотела освободиться от имущества, для того чтобы испытать Махина, а потом для себя, для своей души — по слову Евангелия захотела сделать это. Сначала она начала раздавать, но ее остановил отец, и еще больше, чем отец, толпа нахлынувших личных и письменных просителей. Тогда она решила обратиться к старцу, известному своей святой жизнью, с тем чтобы он взял ее деньги и поступил с ними, как найдет

XII

Lìza Jeròpkina viveva in uno stato di perpetuo entusiasmo. Più avanzava nel sentiero della vita cristiana che le si era aperto davanti, tanto più era sicura che fosse il sentiero della verità e tanta maggior gioia le veniva nell'anima.

Ora aveva due scopi immediati: il primo – convertire Màchin, o piuttosto, come diceva a se stessa, farlo tornare in sé, alla sua buona, magnifica natura. Ella lo amava, e alla luce di quell'amore le si rivelava ciò che vi era di divino nell'anima di lui, comune a tutti gli uomini, ma vedeva in quel principio comune a tutti gli uomini ciò che era soltanto di quell'uomo, la bontà, la tenerezza, l'elevatezza. L'altro suo scopo era quello di abbandonare le sue ricchezze. Voleva spogliarsi dei suoi beni per mettere alla prova Màchin, e anche per se stessa voleva far questo, per la sua anima, conformemente alla parola del Vangelo. Da principio cominciò a distribuire i suoi averi, ma vi si oppose il padre, e, più ancora del padre, la folla dei questuanti che l'assalirono di persona o per iscritto. Allora decise di rivolgersi a un monaco, conosciuto per la sua santa vita, perché egli prendesse i suoi denari e ne disponesse come riteneva necessario. Apprendendo ciò, il padre andò su tutte le furie, e in un veemente colloquio con lei, la chiamò

нужным. Узнав это, отец рассердился и в горячем разговоре с ней назвал ее сумасшедшей, психопаткой и сказал, что он примет меры к тому, чтобы оградить ее, как сумасшедшую, от самой себя.

pazza, mentecatta, e disse che avrebbe preso dei provvedimenti per difenderla da se stessa, come una demente.

Сердитый, раздраженный тон отца передался ей, и она не успела опомниться, как злобно расплакалась и наговорила отцу грубостей, называя его деспотом и даже корыстолюбцем.

Il tono irato e rabbioso del padre si trasmise a lei, e, prima di riuscire a tornare in sé, scoppiò a piangere di rabbia e a dire al padre delle meschinità, chiamandolo tiranno ed egoista.

Она просила прощенье у отца, он сказал, что не сердится, но она видела, что он был оскорблен и в душе не простил ее. Махину она не хотела говорить про это. Сестра, ревновавшая ее к Махину, совсем отдалилась от нее. Ей не с кем было поделиться своим чувством, не перед кем покаяться.

In seguito chiese perdono al padre, ea egli disse che non era adirato, ma ella vedeva che era offeso e che dentro di sé non la perdonava. A Màchin non volle parlare di questo. La sorella, che era gelosa di lei per via di Màchin, si era molto allontanata da lei. Non aveva nessuno da rendere partecipe dei suoi sentimenti né sapeva davanti a chi esprimere il suo pentimento.

«Богу надо покаяться», — сказала она себе и, так как был великий пост, решила говеть и на исповеди сказать все духовнику и попросить его совета о том, как ей поступать дальше.

"Davanti a Dio bisogna pentirsi," si disse fra sé, e siccome era il periodo di quaresima, decise di preparsi devotamente per la comunione confessandosi, dicendo tutto al confessore e chiedendogli consiglio su come doveva agire.

Недалеко от города был монастырь, в котором жил старец, прославившийся своей жизнью, поучениями и предсказаниями и исцелениями, которые приписывали ему.

Non lontano dalla città c'era un monastero nel quale viveva un monaco diventato famoso per la sua vita, per le sue prediche, per le sue predizioni e per le guarigioni che gli si attribuivano.

Старец получил письмо от старого Еропкина, предупреждающее его о приезде дочери и об ее ненормальном, возбужденном состоянии и выражающее уверенность в том,

Questo monaco ricevette una lettera dal vecchio Jeròpkin che lo avvertiva dell'arrivo della figlia e della sua anormalità, del suo stato alterato, ea esprimeva la fiducia che il monaco l'avrebbe avviata per il sentiero della vera,

что старец наставит ее на путь истинный — золотой середины, доброй христианской жизни, без нарушения существующих условий.

aurea moderazione, della buona vita cristiana, senza distruggere le condizioni esistenti.

Усталый от приема, старец принял Лизу и стал спокойно внушать ей умеренность, покорность существующим условиям, родителям. Лиза молчала, краснела и потела, но когда он кончил, она с слезами, стоящими в глазах, начала говорить, сначала робко, о том, что Христос сказал: «Оставь отца и мать и иди за мной», потом, все больше и больше одушевляясь, высказала все то свое представление о том, как она понимала христианство. Старец сначала чуть улыбался и возражал обычными поучениями, но потом замолчал и стал вздыхать, только повторяя: «О господи».

Affaticato dalle udienze date, il vecchio ricevette Lìza e cominciò a ispirarle pacatamente la moderazione, la sottomissione alle condizioni esistenti, ai genitori. Lìza taceva, arrossiva, sudava, ma, quando egli ebbe finito, con le lacrime agli occhi cominciò a citare, dapprima timidamente, la massima di Cristo: "Lascia il padre e la madre e seguimi"; poi, animandosi sempre più, gli spiegò come comprendeva Cristo. Il vecchio in principio sorrideva appena, e replicava con le solite frasi, ma poi tacque, sospirò, e ripeteva soltanto: "O Signore!".

— Ну, хорошо, приходи завтра исповедоваться, — сказал он и сморщенной рукой благословил ее.

– Su, va bene, vieni domani a confessarti, – e la benedisse con la mano rugosa.

На другой день он исповедовал ее и, не продолжая вчерашний разговор, отпустил ее, коротко отказавшись взять на себя распоряжение ее имуществом.

Il giorno dopo la confessò e, senza proseguire il discorso del giorno prima, la congedò, rifiutando senza indugio di assumere la distribuzione dei suoi beni.

Чистота, полная преданность воле бога и горячность этой девушки поразили старца. Он давно уже хотел отречься от мира, но монастырь требовал от него его деятельности. Эта деятельность давала средства монастырю. И он соглашался, хотя смутно чувствовал всю неправду своего положения. Его делали святым, чудотворцем, а он был слабый, увлеченный

La purezza, l'intera sottomissione alla volontà di Dio e l'ardore di quella fanciulla avevano colpito il monaco. Da tempo egli aveva l'intenzione di ritirarsi dal mondo, ma il monastero esigeva la sua attività. Quest'attività dava i mezzi di sostentamento al monastero. Ed egli vi acconsentiva, benché sentisse confusamente tutta la falsità della sua posizione. Lo credevano un santo, un taumaturgo, e invece era un uomo debole, affascinato dal

успехом человек. И открывшаяся ему душа этой девушки открыла ему и его душу. И он увидал, как он был далек от того, чем хотел быть и к чему влекло его сердце.

successo. E rivelandosi a lui, l'anima di quella fanciulla gli aveva rivelato la sua propria anima. E vide quanto era lontano da quello che avrebbe voluto essere e a cui il suo cuore lo portava.

Скоро после посещения Лизы он заперся в затвор и только через три недели вышел в церковь, служил и после службы сказал проповедь, в которой каял себя и уличал мир в грехе и призывал его к покаянию.

Subito dopo la visita di Lìza egli si chiuse nella sua cella e soltanto dopo tre settimane ne uscì per andare in chiesa; servì la messa e dopo il servizio recitò un sermone nel quale denunciava i propri peccati e i peccati del mondo e esortava al pentimento.

Каждые две недели он говорил проповеди. И на проповеди эти съезжалось все больше и больше народа. И слава его, как проповедника, разглашалась все больше и больше. Было что-то особенное, смелое, искренное в его проповедях. И от этого он так сильно действовал на людей.

Ogni due settimane egli predicava. E alle sue prediche veniva sempre più gente. E la sua fama come predicatore si diffondeva sempre più. C'era qualcosa di particolare, di ardito, di sincero nelle sue prediche, e questo impressionava fortemente le persone.

XIII

XIII

Между тем Василий сделал все, как хотел. С товарищами он ночью пролез к Краснопузову, богачу. Он знал, как он скуп и развратен, и залез в бюро и вынул деньгами тридцать тысяч. И Василий делал, как хотел. Он даже пить перестал, а давал деньги бедным невестам. Замуж отдавал, из долгов выкупал и сам скрывался. И только то и забота была, чтобы хорошо раздать деньги. Давал он и полиции. И его

Intanto Vasìlij aveva fatto tutto quel che aveva in animo di fare. Con alcuni compagni, di notte, era entrato in casa di un certo Krasnopùzov, un riccone. Egli sapeva come costui fosse avaro e vizioso; penetrò nel suo studio e vi prese 30.000 rubli. E fece tutto secondo il suo piano. Aveva anche smesso di bere e dava i soldi alle ragazze da marito povere, perché potessero sposarsi, pagava i debiti altrui, e si nascondeva. E di una cosa sola si dava pensiero, di distribuire bene il denaro. Ne

не искали.

dava anche alla polizia, e così non veniva ricercato.

Сердце у него радовалось. И когда все-таки взяли его, он на суде смеялся и хвалился, что деньги у толстопузого дурно лежали, он и счета им не знал, а я их в ход пустил, ими добрым людям помогал.

Il suo cuore era lieto. E quando pur tuttavia lo presero, al processo fu ardito e si vantò dicendo che i denari giacevano malamente presso quel grassone: "Non ne sapeva neppur lui l'ammontare e invece io li ho messi in circolazione e con essi ho aiutato della brava gente".

И защита его была такая веселая, добрая, что присяжные чуть не оправдали его. Приговорили его в ссылку.

E la difesa era così allegra, così gentile che i giurati per poco non lo assolsero. Lo condannarono all'esilio.

Он поблагодарил и вперед сказал, что уйдет.

Egli ringraziò la corte e li assicurò che sarebbe fuggito prima.

XIV

XIV

Телеграмма Свентицкой к царю не произвела никакого действия. В комиссии прошений сначала решили даже не докладывать о ней царю, но потом, когда за завтраком у государя зашла речь о деле Свентицкого, завтракавший у государя директор доложил про телеграмму от жены убитого.

Il telegramma della Sventìtskaja allo zar non ebbe nessun effetto. Nella commissione delle grazie da principio fu deciso di non riferire nulla allo zar, ma poi, quando, durante la colazione a corte, il discorso scivolò sull'affare Sventìtskij, il presidente che era a colazione dall'imperatore riferì del telegramma mandato dalla moglie dell'ucciso.

— *C'est très gentil de sa part[*]*, — сказала одна из дам царской фамилии.

"C'est très gentil de sa part"[*], disse una delle principesse della famiglia imperiale.

[* — Это очень мило с ее стороны.]

[Molto gentile da parte sua.]*

Государь же вздохнул, пожал плечами с эполетами и сказал: «Закон», — и подставил бокал, в

L'imperatore invece sospirò, si strinse nelle spalle, guarnite di spalline, e disse: "La legge", e porse il bicchiere nel quale

который камер-лакей наливал шипучий мозельвейн. Все сделали вид, что удивлены мудростью сказанного государем слова. И больше о телеграмме не было речи. И двух мужиков — старого и молодого — повесили с помощью выписанного из Казани жестокого убийцы и скотоложника, татарина-палача.

un cameriere versava del vino spumante della Mosella. Tutti si mostrarono ammirati dalla saggezza racchiusa nelle parole dell'imperatore. E non si parlò più del telegramma. E i due contadini, il vecchio e il giovane, furono impiccati con l'aiuto di un carnefice tartaro fatto venire da Kazàgn, un crudele assassino, che aveva anche avuto commercio con le bestie.

Старуха хотела одеть тело своего старика в белую рубаху, белые онучи и новые бахилки, но ей не позволили, и обоих закопали в одной яме за оградой кладбища.

La vecchia moglie voleva vestire d'una camicia bianca il corpo del suo vecchio, e mettergli delle ghette bianche e delle scarpe nuove, ma ciò non le fu permesso, e i due impiccati furono seppelliti in una fossa comune, dietro alla cinta del cimitero.

— Мне говорила княгиня Софья Владимировна, что он удивительный проповедник, — сказала раз мать государя, старая императрица, своему сыну: — *Faites le venir. Il peut prêcher à la cathédrale [*].*

[— Пригласите его. Он может проповедовать в соборе.]*

– Mi ha detto la principessa Sòfja Vladìmirovna che c'è un predicatore straordinario, – disse una volta la madre dell'imperatore, la vecchia imperatrice, a suo figlio: – Faites-le venir. Il peut prêcher à la Cathédrale. [*]

[Fatelo venire. Può predicare nella cattedrale.]*

— Нет, лучше у нас, — сказал государь и велел пригласить старца Исидора.

– No, è meglio qui da noi, – disse l'imperatore, e ordinò che s'invitasse il monaco Isidoro.

В дворцовой церкви собралось все генеральство. Новый, необыкновенный проповедник был событием.

Nella cappella del palazzo si riunirono tutti i generali. Un nuovo e straordinario predicatore era un avvenimento.

Вышел старичок седенький, худенький, оглянул всех: «Во имя отца и сына и святого духа», и начал.

Comparve un vecchietto grigio, magro, guardò tutti in giro: "In nome del Padre, del Figlio e dello Spirito Santo", e cominciò a parlare.

Сначала шло хорошо, но что дальше, то хуже. *«Il devenait de plus en plus agressif» [*]*, — как сказала потом императрица. Он громил всех. Говорил о казни. И приписывал необходимость казни дурному

Da principio la cosa andò bene, ma poi sempre peggio. "Il devenait de plus en plus agressif"[*], come disse poi l'imperatrice. Tuonava contro tutti. Parlò della pena di morte. E attribuiva la necessità della pena di morte a un cattivo

правлению. Разве в христианской стране можно убивать людей?

[— Он становился все более и более агрессивным.]*

Все переглядывались, и всех занимало только неприличие и то, как неприятно это было государю, но никто не выказал этого. Когда Исидор сказал: «Аминь», — к нему подошел митрополит и попросил его к себе.

После беседы с митрополитом и обер-прокурором старичка отправили тотчас же назад в монастырь, но не в свой, а в Суздальский, где настоятелем и комендантом был отец Михаил.

governo. Possibile che in un paese cristiano si debba uccidere la gente?

[Diventò sempre più aggressivo.]*

Tutti si guardavan fra loro e si davano pensiero soltanto della sconvenienza della cosa e di quanto essa poteva dispiacere all'imperatore, ma nessuno lo dimostrava. Quando Isidoro disse: "Amen", gli si avvicinò il metropolita e lo invitò ad andare con lui.

Dopo la conversazione col metropolita e col procuratore del Santo Sinodo, il vecchio fu subito rimandato al monastero, ma non al suo, sibbene al monastero di Suzdàl, dove era abate padre Misaìl.

XV

Все сделали вид, что ничего неприятного не было от проповеди Исидора, и никто не упоминал про нее. И царю казалось, что слова старца не оставили в нем никакого следа, но раза два в продолжение дня он вспоминал о казни крестьян, о помиловании которых просила телеграммой Свентицкая. Днем был парад, потом выезд на гулянье, потом прием министров, потом обед, вечером театр. Как обыкновенно, царь заснул, как только донес голову до подушки. Ночью его разбудил страшный сон: в поле стояли виселицы, и на них

XV

Tutti fecero finta che nulla di spiacevole fosse stato detto dal predicatore Isidoro, e nessuno ne parlò. Anche allo zar sembrava che le parole del monaco non avessero lasciato nessuna traccia, ma per un paio di volte durante il giorno ripensò all'esecuzione dei due contadini, la grazia dei quali era stata chiesta per telegramma dalla Sventìtskaja. Durante la giornata ci fu una parata, poi la passeggiata, poi l'udienza ai ministri, poi il pranzo; la sera, il teatro. Come al solito, lo zar si addormentò appena ebbe messo la testa sul guanciale. La notte, lo destò un terribile sogno: in un campo c'erano delle forche e da esse pendevano dei cadaveri, e i cadaveri

качались трупы, и трупы высовывали языки, и языки тянулись дальше и дальше. И кто-то кричал: «Твоя работа, твоя работа». Царь проснулся в поту и стал думать. В первый раз стал думать об ответственности, которая лежала на нем, и все слова старичка вспомнились ему...

tiravano fuori le lingue che si allungavano sempre più, sempre più. E qualcuno gridava: "È opera tua, è opera tua". Lo zar si destò sudando e si mise a pensare. Per la prima volta pensò alla responsabilità che incombeva su di lui, e tutte le parole del vecchio gli tornarono in mente...

Но он видел в себе человека только издалека и не мог отдаться простым требованиям человека из-за требований, со всех сторон предъявляемых к царю; признать же требования человека более обязательными, чем требования царя, у него не было сил.

Ma non vedeva in sé l'uomo se non da lontano, e non poteva obbedire alle semplici esigenze dell'uomo, per via delle esigenze che da ogni parte erano imposte allo zar; e non aveva abbastanza forza per riconoscere che il dovere dell'uomo era più impellente che il dovere dello zar.

XVI

Отбыв второй срок в остроге, Прокофий, этот бойкий, самолюбивый щеголь-малый, вышел оттуда совсем конченым человеком. Трезвый он сидел, ничего не делал и, сколько ни ругал его отец, ел хлеб, не работал и, мало того, норовил стащить что-нибудь в кабак, чтобы выпить. Сидел, кашлял, харкал и плевал. Доктор, к которому он ходил, послушал его грудь и покачал головой.

— Тебе, брат, надо того, чего у тебя нет.

— Это, известно, всегда надо.

XVI

Dopo aver espiato in carcere la seconda condanna, Prokòfij, quel baldo giovane, elegante, pieno di amor proprio, uscì di là come un uomo completamente distrutto. Quando non beveva, se ne stava senza far nulla e, per quanto il padre lo rimproverasse, di mangiar pane senza lavorare, faceva peggio ancora, cogliendo ogni occasione per poter prendere qualcosa di nascosto e portarla all'osteria e bere. Stava seduto, tossiva, si raschiava la gola e sputava. Il dottore dal quale andò gli visitò il petto e scosse il capo.

– Per te, fratello, ci vorrebbe quel che tu non hai.

– Si sa, è sempre così.

— Пей молоко, не кури.

— Ныне и так пост, да и коровы нет.

Раз весною он всю ночь не спал, тосковал, хотелось ему выпить. Дома нечего захватить было. Надел шапку и вышел. Прошел по улице, дошел до попов. У дьячка борона наружу стоит прислонена к плетню. Прокофий подошел, вскинул борону на спину и понес к Петровне в корчму. «Авось даст бутылочку». Не успел он отойти, как дьячок вышел на крыльцо. Уж совсем светло, — видит, Прокофий несет его борону.

— Эй, ты что?

Вышел народ, схватили Прокофия, посадили в холодную. Мировой судья присудил на одиннадцать месяцев в тюрьму.

Была осень. Прокофья перевели в больницу. Он кашлял и всю грудь разрывал. И не мог согреться. Кто посильнее был, те все-таки не дрожали. А Прокофий дрожал и день и ночь. Смотритель загонял экономию дров и не топил больницу до ноября. Больно страдал Прокофий телом, но хуже всего страдал духом. Все ему противно было, и ненавидел он всех: и дьячка, и смотрителя за то, что не топил, и вахтера, и соседа по койке с раздутой красной губой. Возненавидел и того новенького каторжного, которого привели к ним. Каторжный этот был Степан. Он заболел рожей на голове, и его перевели в больницу и положили

– Bevi del latte, non fumare.

– Ora è Quaresima, e non abbiamo vacche.

Una volta, in primavera, non aveva dormito per tutta la notte; era angosciato, aveva voglia di bere. In casa non c'era nulla da prendere. Si mise il berretto e uscì. Camminò per la strada e arrivò alla casa dei preti. Il suddiacono aveva lasciato fuori l'erpice, appoggiato alla siepe. Prokòfij si avvicinò, se lo caricò in spalla e si diresse allo spaccio della Petròvna. "Forse mi darà una bottiglia". Ma prima che avesse il tempo di allontanarsi, il suddiacono comparve sulla porta. Era già fatto giorno: vide Prokòfij che portava via il suo erpice.

– Ehi! Che fai?

Chiamò gente. Prokòfij fu preso e messo al fresco. Il giudice di pace lo condannò a undici mesi di prigione.

Venne l'autunno: Prokòfij fu condotto all'ospedale. Tossiva e tutto il petto gli si lacerava. E non poteva riscaldarsi. Anche i malati più gravi non tremavano, ma Prokòfij tremava giorno e notte. Il direttore faceva economia di legna e non riscaldava l'ospedale fino a novembre. Prokòfij soffriva terribilmente in tutto il corpo, ma più di tutto soffriva nell'anima. Tutto gli era antipatico e odiava tutti: il suddiacono, e il direttore perché non riscaldava l'ospedale, e il carceriere, e il suo vicino di letto che aveva il labbro rosso e gonfio. Prese a odiare anche quel nuovo detenuto che avevano condotto all'ospedale. Quel detenuto era Stjepàn. Egli soffriva di un'erisipela alla testa e l'avevano portato all'ospedale e messo accanto a Prokòfij. Da principio Prokòfij l'odiava, ma poi si

рядом с Прокофьем. Сначала Прокофий возненавидел его, но потом полюбил его так, что ждал только того, когда поговорить с ним. Только после разговора с ним утишалась тоска в сердце Прокофья.

mise ad amarlo tanto che non aspettava altro che di poter parlare con lui. Solamente dopo aver discorso con lui, l'angoscia si quietava nel cuore di Prokòfij.

Степан всегда всем рассказывал свое последнее убийство и как оно подействовало на него.

Stjepàn raccontava sempre a tutti il suo ultimo omicidio e l'impressione che ne aveva ricevuta.

— Не то что закричать или что, — говорил он, — а вот на, режь. Не меня, мол, себя пожалей.

– Non solo non gridava, – raccontava, – "ecco, su, colpiscimi. Abbi pietà di te, non di me", diceva.

— Ну, известно, душу загубить страшно, я и барана раз взялся резать, сам не рад был. А вот никого не загубил, а за что они меня, злодеи, погубили. Никому худого не делал...

– Beh, si sa, è terribile uccidere: una volta mi misi a scannare un montone, e anch'io ne soffrivo. Ma non ho ucciso nessuno e perché loro, i cattivi, mi hanno rovinato? Non ho fatto male a nessuno...

— Что ж, это тебе все зачтется.

– Ebbene, ciò ti sarà riconosciuto.

— Где там?

– Dove?

— Как где? А бог?

– Come: dove? E Dio?

— Что-то не видать его; я, брат, не верю, — думаю, помрешь — трава вырастет. Вот и вся.

– Non lo si vede e io, fratello, non ci credo. Penso che si muore, l'erba ci crescerà sopra, e tutto è finito.

— Как же думаешь? Я сколько душ загубил, а она, сердечная, только людям помогала. Что же, думаешь, мне с ней одно будет? Нет, погоди...

– Come puoi pensarla così? Io ho ucciso molte anime, mentre lei, santa donna, non faceva che del bene alla gente. Pensi che mi toccherà la sua stessa sorte? No, aspetta...

— Так, думаешь, помрешь, душа останется?

– Allora pensi che quando si muore l'anima resta?

— А то как же. Это верно.

– Eccome. Proprio così.

Тяжело было Прокофью умирать, задыхался он. Но в последний час вдруг легко стало. Позвал он Степана.

L'agonia di Prokòfij era dolorosa: soffocava. Ma all'ultim'ora, a un tratto, si sentì meglio. Chiamò Stjepàn.

— Ну, брат, прощай. Видно, пришла смерть моя. И вот боялся, а

– Dunque, fratello, addio. Si vede che è venuta la morte per me. Avevo paura, e

теперь ничего. Только скорей хочется.

И Прокофий помер в больнице.

adesso non più. Vorrei soltanto che venisse più rapidamente.

E Prokòfij morì all'ospedale.

XVII

XVII

Между тем дела Евгения Михайловича шли все хуже и хуже. Магазин был заложен. Торговля не шла. В городе открылся другой магазин, а проценты требовали. Надо было занимать опять за проценты. И кончилось тем, что магазин и весь товар был назначен к продаже. Евгений Михайлович и его жена бросались повсюду и нигде не могли достать тех четырехсот рублей, которые нужны были, чтобы спасти дело.

Была маленькая надежда на купца Краснопузова, любовница которого была знакома с женой Евгения Михайловича. Теперь же по всему городу было известно, что у Краснопузова украли огромные деньги. Рассказывали, что украли полмиллиона.

— И кто ж украл? — рассказывала жена Евгения Михайловича. — Василий, наш бывший дворник. Говорят, он швыряет теперь этими деньгами, и полиция подкуплена.

— Негодяй был, — сказал Евгений Михайлович. — Как он тогда

Intanto gli affari di Jevghènij Michàjlovic andavano sempre di male in peggio. Il negozio era ipotecato. Il commercio non andava. In città s'era aperto un altro negozio, e c'erano gli interessi da pagare. Fu necessario prendere altro denaro in prestito per pagare gli interessi. E finì che il negozio e tutta la merce furon messi in vendita. Jevghènij Michàjlovic e sua moglie bussarono a tutte le porte, ma in nessun posto poterono trovare quei quattrocento rubli che occorrevano per salvar la faccenda.

C'era una piccola speranza nel mercante Krasnopùzov, l'amante del quale era conoscente della moglie di Jevghènij Michàjlovic. Ma per tutta la città si sapeva che in casa di Krasnopùzov era stata rubata una grandissima somma. Si raccontava che avessero rubato mezzo milione.

– E chi l'ha rubato? – raccontava la moglie di Jevghènij Michàjlovic, – Vasìlij, il nostro antico portinaio. Dicono che ora sperperi questo denaro e che la polizia sia stata comprata.

– Era un cattivo soggetto, – disse Jevghènij Michàjlovic. – Con che facilità

легко на клятвопреступление пошел. Я никак не думал.

— Говорят, он заходил к нам на двор. Кухарка говорила, что он. Она говорит, что он четырнадцать бедных невест замуж отдал.

— Ну, они выдумают.

В это время какой-то странный пожилой человек в казинетовой куртке вошел в магазин.

— Что тебе?

— Вам письмо.

— От кого?

— Там написано.

— Что же, ответа не надо? Да подожди.

— Нельзя.

И странный человек, отдав конверт, торопливо ушел.

— Чудно!

Евгений Михайлович разорвал толстый конверт и не верил своим глазам: сторублевые бумажки. Четыре. Что это? И тут же безграмотное письмо Евгению Михайловичу: «По Евангелию говорится, делай добро за зло. Вы мине много зла иделали с купоном и мужичка я дюже обидел, а я вот тебя жилею. На, возьми четыре екатеринки и помни своего дворника Василья».

— Нет, это удивительно, — говорил Евгений Михайлович, говорил и жене и сам себе. И когда вспоминал об этом или говорил об этом жене, слезы выступали у него на глаза и на душе было радостно.

allora fece il suo falso giuramento! Non l'avrei mai creduto.

– Dicono che sia entrato nel nostro cortile. La cuoca dice che era lui. E dice che ha dato la dote a quattordici ragazze povere.

– Eh! se lo inventano.

In quel momento un uomo di una certa età, con una giacchetta di mezzalana, entrò nel negozio.

– Che vuoi?

– Una lettera per voi.

– Di chi?

– C'è scritto.

– Ma non serve la risposta? Aspetta.

– Non posso.

E lo strano uomo, consegnato il plico, uscì frettolosamente.

– Strano!

Jevghènij Michàjlovic lacerò la grossa busta e non credeva ai suoi occhi: biglietti da cento rubli! Quattro! Che cosa significava? C'era anche una lettera sgrammaticata diretta a Jevghènij Michàjlovic: "Dice il Vangelo: rendi bene per male. Voi mi faceste molto male con la cedola e io danneggiai enormemente il contadino, ed ecco, ora io ho pietà di te. Su, prendi quattro biglietti da cento e ricordati del tuo portinaio Vasìlij".

– No, è incredibile, – diceva Jevghènij Michàjlovic, parlando alla moglie e a se stesso. E quando si ricordava di ciò o ne parlava con la moglie, gli venivano le lacrime agli occhi e aveva la gioia in cuore.

XVIII

В Суздальской тюрьме содержалось четырнадцать духовных лиц, всё преимущественно за отступление от православия; туда же был прислан и Исидор. Отец Михаил принял Исидора по бумаге и, не разговаривая с ним, велел поместить его в отдельной камере, как важного преступника. На третьей неделе пребывания Исидора в тюрьме отец Михаил обходил содержащихся. Войдя к Исидору, он спросил: не нужно ли чего?

— Мне многое нужно, не могу сказать при людях. Дай мне случай говорить с тобою наедине.

Они взглянули друг на друга, и Михаил понял, что ему бояться нечего. Он велел привести Исидора в свою келью и, когда они остались одни, сказал:

— Ну, говори.

Исидор упал на колени.

— Брат! — сказал Исидор. — Что ты делаешь? Пожалей себя. Ведь хуже нет злодея тебя, ты поругал все святое...

Через месяц Михаил подал бумаги об освобождении, как раскаявшихся, не только Исидора,

XVIII

Nelle celle di penitenza del convento di Suzdàl erano detenuti quattordici ecclesiastici, tutti più che altro per essersi allontanati dall'ortodossia; e là fu mandato anche Isidoro. Padre Misaìl ricevette Isidoro secondo le istruzioni e, senza parlargli, ordinò di metterlo in una camera separata, come un delinquente importante. Alla terza settimana della permanenza d'Isidoro in quella cella, padre Misaìl fece il giro dei prigionieri. Entrato nella cella d'Isidoro, domandò: Vi occorre nulla?

– Mi occorrono molte cose: non posso dirlo davanti alla gente. Dammi modo di parlare con te in privato.

Si guardarono l'un l'altro e Misaìl capì che non aveva nulla da temere: ordinò che Isidoro fosse trasferito nella sua cella e, quando furono rimasti soli, disse:

– Su, parla.

Isidoro cadde in ginocchio.

– Fratello! – disse Isidoro. – Che fai? Abbi pietà di te stesso. Non c'è un malfattore peggiore di te, tu hai offeso tutto ciò che è sacro...

Dopo un mese, Misaìl inviò un documento che chiedeva la liberazione, per essersi pentiti, non soltanto d'Isidoro, ma

но и семерых других и сам попросился в монастырь на покой.

di tutti gli altri, e per sé chiedeva d'essere mandato in un monastero per riposarsi.

XIX

XIX

Прошло десять лет.

Митя Смоковников кончил курс в техническом училище и был инженером с большим жалованьем на золотых приисках в Сибири. Ему надо было ехать по участку. Директор предложил ему взять каторжника Степана Пелагеюшкина.

— Как каторжника? Разве не опасно?

— С ним не опасно. Это святой человек. Спросите у кого хотите.

— Да за что он?

Директор улыбнулся.

— Шесть душ убил, а святой человек. Уж я ручаюсь.

И вот Митя Смоковников принял Степана, плешивого, худого, загорелого человека, и поехал с ним.

Дорогой Степан ходил, как он ухаживал за всеми, где мог, как за своим детищем, за Смоковниковым и дорогой рассказал ему всю свою историю. И то, как и зачем и чем он живет теперь.

И удивительное дело. Митя Смоковников, живший до тех пор

Passarono dieci anni.

Mìtja Smokòvnikov aveva finito il corso nell'istituto tecnico ed era ingegnere nelle miniere d'oro in Siberia con uno stipendio elevato. Dovette andare a fare un'ispezione. Il direttore gli propose di prendere con sé il detenuto Stjepàn Pelaghèjuskin.

– Come! Un detenuto? Ma non c'è pericolo?

– Con lui non c'è pericolo. È un sant'uomo, domandate a chi volete.

– Ma perché è stato condannato?

Il direttore sorrise.

– Ha ammazzato sei persone, ma è un sant'uomo. Lo garantisco.

E Mìtja Smokòvnikov prese con sé Stjepàn, – un uomo calvo, magro, abbronzato, – e partì con lui.

Lungo la strada, Stjepàn assisteva Smokòvnikov come assisteva tutti, meglio che poteva, come fossero figli suoi, e lungo la strada gli raccontò tutta la sua storia. E come e perché e in qual modo viveva ora.

E, fatto sorprendente! Mìtja Smokòvnikov, che fino allora aveva

только питьем, едой, картами, вином, женщинами, задумался в первый раз над жизнью. И думы эти не оставили его, а разворачивали его душу все дальше и дальше. Ему предлагали место, где была большая польза. Он отказался и решил на то, что у него было, купить именье, жениться и, как сумеет, служить народу.

vissuto per bere e mangiare, per le carte, il vino e le donne, si mise a riflettere per la prima volta sulla vita. E questi pensieri non lo lasciavano e turbavano la sua anima sempre più. Gli offrirono un posto dove c'erano grandi guadagni; egli lo rifiutò e decise di comprare con quel che aveva una proprietà, di prender moglie e di servire il popolo come poteva.

XX

Он так и сделал. Но прежде приехал к отцу, с которым у него были неприятные отношения за новую семью, которую завел отец. Теперь же он решил сблизиться с отцом. И так и сделал. И отец удивлялся, смеялся над ним, а потом сам перестал нападать на него и вспомнил многие и многие случаи, где он был виноват перед ним.

КОНЕЦ

XX

E così fece. Ma prima andò dal padre, col quale era in cattivi rapporti per la nuova famiglia che il padre si era formata. Ora aveva deciso di riavvicinarsi al padre. E così fece. E il padre si meravigliò, rise di lui, ma poi smise di dargli contro e si ricordò di molte e molte circostanze, nelle quali era stato colpevole nei suoi confronti...

FINE

Grazie

Gentile lettore, grazie per aver letto questo libro/eBook.

Se hai riscontrato problemi, refusi o per altre comunicazioni, puoi scrivere un'email direttamente alla redazione di Kentauron (kentauron@kentauron.com). Ti verrà inviata una nuova edizione in formato ebook.

Se il libro ti è piaciuto puoi lasciare una recensione sullo store dove lo hai acquistato. Oltre a essere molto gradita, potrà servire da incentivo per nuove pubblicazioni.

Buone letture.

Novità e libri in promozione

Per essere informato sulle prossime pubblicazioni e sui libri in promozione, iscriviti alle nostre newsletter:

http://smarturl.it/eBooksNews

oppure seguici su Twitter (@KentauronS)
e Facebook (https://www.facebook.com/Kentauron)

Altri libri Kentauron

Racconti

- Jack's Wagers (Le scommesse di Jack) (Wirton Arvel)
- Time House (La casa del tempo) (Wirton Arvel)

Poesie Raccontate e Prosa Poetica

- Wandering among the stars (Vagabondando fra le stelle) (Wirton Arvel)

Romanzi

- La clessidra vuota (Brunella Pernigotti)

Fiabe

- Facciamo finta che... (Brunella Pernigotti)

Edizioni bilingui con testo a fronte (Inglese – Italiano e altre lingue)

- The Wonderful Wizard of Oz - Il Meraviglioso Mago di Oz (L. Frank Baum)
- Alice's Adventures in Wonderland - Le Avventure di Alice nel Paese delle Meraviglie (Lewis Carroll)
- A Christmas Carol - Cantico di Natale (Charles Dickens)
- The Rime of the Ancient Mariner - La Ballata del Vecchio Marinaio (Samuel Taylor Coleridge)
- 101 poems to read in London & New York... - 101 poesie da leggere a Londra e New York...: (Best English Poetry Collection from Shakespeare to early 20th century)
- The Subjection of Women - La servitù delle donne (John Stuart Mill)
- Carmina - Poesie (Gaio Valerio Catullo)
- Cinderella - Cenerentola (Charles Perrault)

- Three Men in a Boat - Tre uomini in barca (Jerome K. Jerome)
- Le Petit Prince – Il Piccolo Principe (Antoine de Saint-Exupéry)
- Jack's Wagers - Le scommesse di Jack (Wirton Arvel)

Antologie di poesie classiche e moderne

- Aedi, Bardi e Poeti - Cantori, Trovatori e Vati (Antologia della Poesia: XII-XIV secolo ([con poesie Occitane e Italiane])
- 101 Poems to Read in London & New York.. or Easily from Home… (Antologia della poesia inglese, da Shakespeare ai primi del '900)

Visita i principali store online per vedere l'elenco aggiornato e scoprire maggiori dettagli di tutti i libri pubblicati da Kentauron (Store Amazon http://smarturl.it/Kentauron)

http://smarturl.it/Kentauron

CPSIA information can be obtained
at www.ICGtesting.com
Printed in the USA
LVOW04s2201201016
509609LV00016B/522/P

9 781523 368532